じっくり基礎編

英文法のトリセツ

英語負け組を救う 丁寧な取扱説明書

阿川イチロヲ

www.alc.co.jp
アルク

「かつて」英語で苦しんだボクから、「現在」英語で悩んでいるキミへ……

仮にも英語の本を書こうという人間がこんなことを言うと、せっかく本を開いてくれたみなさんを激しく不安にさせてしまうかもしれないけど、ボクは「**かつて**」は間違いなく「**英語の負け組**」の立派な一員でした。

ただ単に「英語が苦手」というレベルではなく、英語のテストの点数は、**中学の時点で、すでに平均点割れ**。高校のときの英語の**偏差値はだいたい40前後**で、その高校さえ一度は中退してしまったほどです。

運命の転機は、高校中退後、ボクが一念発起して大学に合格してから訪れました。知り合いの子どもの家庭教師の話が転がり込んできたのです。聞けば、生徒は、かつてのボクと同じように、スタートラインで、いきなり英語でつまずいてしまった中学生だとか。
「**さすがに大学生になった今なら、中学1年生の英語くらいは……**」
そう考えて、軽い気持ちで引き受けたのが運の尽きでした。
いざやってみると、**初歩の初歩の英語の仕組みでさえ、きちんと納得のいく説明ができない**のです。家庭教師一日目にして、早くもしどろもどろ……。
「**こりゃイカン**」とばかりに事態の深刻さ（＝自分の英語力）を認識したボクは、ココではじめて英語と真剣に向かい合う決意をします。

……と、人に教える身になって、ようやく気づいたこと。
世の英語学習書は、英語の仕組みを文法用語を使って教えます。難しい用語や、特に高度な知識については、それなりに詳しい説明も載っているのが普通です。
でも、初歩の初歩の文法用語や知識については、
「**そんなの学校で習ったでしょ？**」
といわんばかりに、あっさりスルーされていることが圧倒的に多いのです。
「**チョット待ってくれ！**」
って感じです。ボクたち英語の負け組は、その初歩の初歩で、つまずいてしまった人間です。基本的な文法用語についての説明を**「初歩の初歩だから」って理由でおろそかにしてほしくない**し、**むしろその初歩の初歩の部分にこそ、ボクたちが慣れ親しんでいる日本語と英語との違いを親切・丁寧に教えてくれるトリセツ（＝取扱説明書）が必要**なのです。そこを抜きにして、もっと難しい部分も高度な知識も何もないのです。

この本では、英語の本当に初歩の初歩、俗に言う５文型までしか扱っていません。300枚以上のページ数を費やして、本当にそれだけです。とか言うと、
「**そんな簡単な本、自分には必要ないかも**」
と思う人もいるかもしれませんが、それは大間違いです。英語のニュースに出てくるような難しい本格的な英文だって、この初歩の初歩の部分を極めるだけで、きちんと「**読める・聞ける・書ける・話せる**」ようになります。何より、この基礎の基礎の部分をおろそかにしていると、結局、このあとの分詞とか間接疑問とかそういうところでつまずいてしまうのです。
「**中学英語はともかく、その後の高校・大学レベルの英語はどうも……**」
というみなさん、あなたたちのつまずきの原因は、このトリセツで扱っている**初歩の初歩の部分をいい加減に済ませている**ところにあるんですよ！

「とりあえず、かつてのボクみたいに英語が苦手な子にも、中学英語の基礎くらいはカンペキに説明できるように詳しく教えてあげよう」
それが、ボクの英語講師としてのスタートラインでした。この決意は、まんざら的外れでもなかったらしく、いつの間にかボクの受け持ちの生徒は増え、気づくと、ボクは学習塾の英語教師となり、**ネイティブに混じって語学学校で教えるようになっていました。**
今では、ボクの生徒の中には、学校レベル以上の高度な英語力を実生活で必要とする人、TOEICのかなり高いスコアを目指す人もいます。ボク自身のTOEICのスコアも、英語の基礎を繰り返し教えるうちに、短期間で500点以上も伸びました。**高い英語力を目指す上でも、この初歩の初歩を扱ったトリセツが少なからず役立つ**ことを、ボクのこれまでの経験から保証します。

とはいえ、あくまでも自分が「**英語の負け組**」であったことが、ボクの原点であり、そして、**かつての自分のような英語が苦手で仕方がない人たちをひとりでも減らすこと**こそが、ボクの本分です。**現在、英語で悩んでいるみなさん**、あるいはボクたち英語負け組の悩みに「**ひょっとしたら**」気づいていないかもしれない**英語の先生、専門家**の方々、そして英語で苦しみぬいた**かつてのボク**にこのトリセツを捧げたいと思います。

元「英語負け組」教師：
阿川イチロヲ

CONTENTS

英語と日本語はどこが違う？　そもそも言葉ってどんな仕組み？ そんな疑問にまでお答えする本トリセツの入り口です。

肯定文（普通の文）、そして否定文・疑問文。まずは、この英語の「文」の三大スタイルを身につけましょう。

英語の動詞は大きく分けて、「一般動詞」と「be 動詞」の2種類。ここでは一般動詞の後ろに何が続くかを解説します。

be 動詞の後ろには、いろいろな言葉のグループが続きます。英語の世界は、be 動詞の後ろに続くものを理解するところから広がっていくのです。

このステップでは、英語の時間感覚について解説します。日本語とはいろいろと違いが多いので、心してかかってください。

英語の品詞の中で、最も理解に苦しむ「何でも屋」感覚なのが、この副詞。でも、慣れると案外、その節操のなさが便利に思えたりして……。

英語の文に名詞を追加する際に、接着剤の役割を果たすのが前置詞。でも、〈前置詞＋名詞〉のせいで英語の文は……。

英語界のルールが乱れるとき、「接続詞」の存在と「命令文」の姿アリ。このステップでは、そんな英語界の「掟（おきて）破り」たちをご紹介します。

英語の動詞をいろいろな面から助けてくれる「助動詞」の登場です。

日常英会話には欠かせないけど、日本人が意外に使いこなせないのが、この「疑問詞」です。ココでは英語の疑問詞の傾向と対策をご紹介します。

いわゆる「進行形」について、その本質と注意点をご紹介します。

このトリセツのクライマックスです。いわゆる「文型」って難しいイヤーなイメージがあるけど、本当は……？

俗に言う「SVOC」のカタチと動詞の分類について紹介し、本書のまとめとします。ここまで読めば、「英語の深層心理に開眼！」……するはず。

STEP 0

トリセツを読む
その前に

次の日本語の文と、それに対応する英語の文を見てください。

1. **ボクたち　は　テニス　を　する。⇒　We play tennis.**
2. **ボク　は　音楽　を　聴く。　⇒　I listen to music.**

とても短くてシンプルな文だけど、よーく見てみると……

1と**2**の**日本語の文の構造はまったく同じ。**
でも、それなのに、**対応する英語の文の方には、to があったりなかったり！**

「**……あれ？　何で？？　……ていうか何で？？？**」

と、今、少しでも気になってしまったみなさん！

大丈夫です！　この本は、そんなみなさんのための本です。

こんなふうに、「**日本人ならだれもが『何で？』と感じる部分を、『何となーく』で済ませない！**」というのが、この本の基本姿勢なのです。

そんなわけで、さっそく今の「**何で？**」に答えると、

「**日本語と英語では、文をつくるルールが違うから**」

……なんていうと、
「**そんなの当たり前じゃん！　それじゃ答えになってないって**」
っていきなりお叱りを受けたりして。でも……、
ココで、ちょっとだけ能書きをたれさせてください。

英語は外国語です。
だから、日本語と違いがあるのは、当たり前と言えば、当たり前。
でも、**違いがあるということを認識することが何より大切な第一歩**なのです。

そして、**どこが同じでどこが違うかをしっかり理解する**ことが、効率よく英語を身につけるためのポイントと言えます。

この本では日本語と英語の同じところと違うところとか、素朴な疑問を大事に考えて、**日本語と英語の比較が有効なところではそれをフル活用**しています。その結果、
「普段、日本語を使っている日本人だからこそ納得できる」
という解説になっている！
……ように、とりあえず現時点のベストを尽くしました。

でも、もちろんただ比較したからって、それだけでわかりやすいって言えるものでもないですよね？
使っている言葉や、解説の言い回しとか、文章自体が難しければ、やっぱりわかりやすくはないはず。

ということで、この本では、「**だれにでもわかるような言葉に噛み砕いて解説する**」ということにも、気をつけています。
読みやすくするために、実際の授業と同じ調子（口語調・対話調・質問調・説得調）で解説することを心掛け、
難しい文法用語や言い回しは使っていません。

ただし、「文法用語がゼロ」ではありません。
なぜなら、**ほかの本とかを見たときには、文法用語は必ず出てくるから。**
だから、そういうほかの本を読むときにも、ちゃんと対応できるように、無意味に使いまくったりはしてないけど、**徐々になじんでいけるようにと配慮した**つもりです。

……さて、能書きをたれるために、あえて冒頭の「**何で？**」の答えを、はぐらかした感じにしてしまいましたが、ココで話を元に戻しましょう。
この「**何で？**」に対する「ちゃんとした」答えは、p.58に用意してあります。
でも、できれば、このまま順番に読み進んでください。

……なんていうと、また「**何で？**」って不思議に思われたりして。
でも、「**to があったりなかったり**」という「**何で？**」に至るまでの、もっと初歩的でささいな英語と日本語の違いについての「**何で？**」だって、このトリセツを読むみなさんには大切にしてほしいのです。

おそらくp.58に至るまでのところには、これまでみなさんが英語を勉強してきたときには考えもしなかったような、あるいは英語に限らず、普段「言葉を話す」ときには想像もしないような、
「**こんな当たり前のことを一生懸命、考えてどうするの？**」
というレベルの「**何で？**」がたくさん登場します。

こういう初歩的な言葉の仕組みについては、「**何となーく**」という程度の理解でも乗り切れます。それは事実。
そして、初歩的な部分の理屈を抜きにして、とにかく英語に触れて、たくさん覚えるうちに、いつの間にか「**英語ってこういうこと？**」みたいに目覚めてしまうこともあります。それも事実。

でも、世の多くの人たち、つまり「**分詞！**」とか「**複文！**」とか「**関係代名詞！**」とか（ホント、イヤな言葉ですよね）、そういう用語が出てくる頃になって、挫折してしまう人たちの場合、こうした初歩の初歩の「**何となーく**」の積み重ねが、後の挫折の原因の根っこだったりするのです。

実は、初歩の初歩の小さな「**何で？**」をひとつひとつ確実に「**なるほど！**」へと変えていくことが、このあとのより高度でフクザツな「**日本人ならだれでもつまずいてしまう部分**」を乗り切るための最大の秘訣だったりするのです。そのことをこれから本を読むみなさんに実感してほしいのです。

では、いよいよ本格的にスタート！！

STEP 1

英語のカタチ

まずは、品詞の話から

みなさんは「ヒンシ！」という言葉を聞いたことがありますか？
「死にかけ」って意味の「**ヒンシ**」じゃないですよ（ボクの生徒の中には、「ヒンシ！」と聞くだけで、**本当に「死にかけ」てしまう**文法ギライも大勢いましたが……）。

言葉くらいは「聞いたことがある！」人が多いと思います。
たとえ「聞いたことがない！」という人たちでも、
「学校の授業、特に英語と国語に出てきた……」
とまで言えば、「おぉ、そう言えば！」と思ってもらえますよね？

では、「ヒンシ」とは、いったい何のことなのでしょうか？

一言でズバリ言うなら、
「**言葉をグループ分けしたもののグループ名の総称**」
となるのですが……、**そんな難しいことを言うと、また死にかけてしまう人が出てきそう**ですね。もう少し具体的に説明しましょう。
みなさんは、普段あまり気にかけていないかもしれませんが、実はボクたちが何げなく使っている**言葉（単語）は、すべて（日本語でも英語でも）それぞれの言葉がもつ特徴によってグループ分けすることができる**のです。

例えば、
speak（話す）、eat（食べる）、walk（歩く）
のような「**動き・動作**」を表すグループ。
あるいは、
desk（机）、rice（お米、ご飯）、guitar（ギター）、tennis（テニス）
のような「**（ものの）名前**」を表すグループ。
もしくは、
big（大きい、大きな）、nice（ステキな）、cute（かわいい）
のような「**（ものの）様子**」を表すグループといった感じです。
そして、こうしたグループには、

「動き・動作」を表すグループなら「**動詞！**」、
「（ものの）名前」を表すグループなら「**名詞！**」、
「（ものの）様子」を表すグループなら「**形容詞！**」

というように、それぞれを区別するためのグループ名がつけられています。
この「**動詞・名詞・形容詞**」のようなグループ名のことを、全部まとめて「**品詞！**」と呼ぶのです。つまり、「動詞」も、「形容詞」も、「名詞」も、みーんな品詞のひとつなんですね。
では、ここで質問。

Q 「泳ぐ」という言葉の品詞は何でしょう？

「泳ぐ」って動作ですよね。ということは「動作・動き」を表すグループ（＝品詞）なので、答えは「**動詞！**」となります。

「品詞」という言葉のイメージがつかめたでしょうか？
もちろん、品詞ってこの3つだけじゃありませんよ。
中には英語にしかない品詞もあります。

例えば、**the** や **a** のような「**冠詞！**」。
冠詞は「**英語を読んだり聞いたりすると、必ず出合う！**」と言っても過言ではないほどよく使われる品詞です。
しかし、**日本語には英語の冠詞に当たる言葉のグループはありません！**
強いて日本語で言うなら、**the** は「**その…**」と特定する感じ、**a** は「**（どれでもいいけど）ひとつの…**」のような感じですが、**日本語にはないから訳せない・無理に訳さない**ことが非常に多かったりします。
逆に英語を話そうと思ったら、普段、日本語を話すときには気にする必要がない、「**特定／不特定？**」「**ひとつ／複数**」みたいなことも意識しなければならないということです（p.26も参照）。
「**スゴク面倒！**」ですよね。

……えっ、何でこんなメンドクサイ話、わざわざするのかって？

実は、この一見、まわりくどくて面倒な**「品詞」という考え方を意識することが、**英語を最小のエネルギーで理解するための一番のポイントだったりするからです！！

最も大切な品詞って何？

ここまでに、

「**動き・動作**」を表す「**動詞**」、
「**（ものの）名前**」を表す「**名詞**」、
「**（ものの）様子**」を表す「**形容詞**」、
「**the（その…）や a（ひとつの…）**」のような「**冠詞**」、

という4種類の言葉のグループ（品詞）を紹介しました。実はこの中に、
「**英語は、とにかくコイツがいないとはじまらない！！**」
という超重要品詞があります。さて、どれだ？

……答えは「**動詞！**」なんですねぇ。

英語の文では、とにかく動詞が大事！

英語の文における動詞の大事さは、日本語とは比べ物にならないほどです。
「一体どれくらい大事か？」を具体的に言うと……

> **英語の文には、必ず動詞がひとつ入る！！**

が、英語の「**第一基本ルール！**」だったりするほどです。

さて、それに対して、日本語はどうかと言えば……、次の2つの日本語の文をよく見てください。

1. 日本人は米を食べる。
2. その犬は大きい。

この２つの文を見て、「**何か変……**」と感じる人はほとんどいないはずです。つまり、「**日本語として問題のない文**」ということですね。でも、ここで「品詞」に注意しながら、もう一度、２つの文をじっくりと見てください。
……何か気づくことがありませんか？

1の文は、

「**日本人（名詞）**　は　**米（名詞）**　を　**食べる（動詞）**」

というつくりになっています。しかし、**2**の文は、

「その　**犬（名詞）**　は　**大きい（形容詞）**」

となっていて**動詞がありません！！（「動詞て？」……とボケてみる）**
つまり、

「英語の文には必ず動詞が必要だけど、日本語の文は動詞があってもなくてもイイ！！（日本語の文には、動詞があるものもあれば、ないものもある）」

ということです。
これこそが「**英語と日本語の最大の違い！**」と言えるでしょう。

本題に入る前に……「文」と「主語・文の結論」

さて、本題に入る前に、ちょっと脱線。先ほど、
「英語の文には、必ず動詞がひとつ入る！！」
と述べましたが、もっと正確に言うと、
「英語の文には、必ず『主語』に当たる名詞と『文の結論』を示すための動詞がひとつずつ入る！！」
が英語の基本原則だったりします。でも、こう言われると、
「『文』とか『主語・文の結論』って一体、何？？」
といきなりひっかかってしまった人もいるはず。

ココで言う「文」とは、見たり聞いたりしたときに、「**あ、話がひと区切りついたな。完結したな**」という感じがするもののことです。日本語で言えば、

彼ってすごく優しいの。／現実はキビシイ。

のような、**最後に「。」がつく感じのもの**だと思ってください。
それに対して、
「キレイな花が／ケンジは上手に」
のようなカタチは、まだまだ話が続いていきそうな**中途半端な感じ**がしますよね。**こういうのは「文」とは呼びません。**

「主語」とは、文の中での言葉の「立場・役割」に注目してグループ分けした名称のことで、「品詞」とはまた別のものです。
具体的には、「**その文の主役、動作をする人・物**」などが「主語」に当たります。

「文の結論」とは「…する、…だ」のような、**日本語の文の終わりに入るものです。英語では、文の結論を示すのに必ず動詞が必要**になります。

日本語と英語の「主語」と「文の結論」の違いについてざっと列挙すると次の通りです。

重要

★日本語

- 主語……「…は［が］」に当たる名詞。文の中にあってもなくてもいいし、位置もいろいろ
- 文の結論……「…する、…だ」に当たる文の終わりに入るもの

★英語

- 主語……基本的に文のはじめに出てくる名詞。文に必ずひとつ必要
- 文の結論……必ず動詞を使う。動詞の位置は主語の次

ちょっと練習してみましょう。

Q 「日本人は米を食べる」という日本語の文の「主語」と「文の結論」は何でしょう？

主語は「…は［が］」という名詞で、文の結論は文の終わりなのだから、この文の場合、主語は「**日本人は**」で、文の結論は「**食べる**」という動詞です。

Q 「日本人は米を食べる」という日本語の文を英語流の語順に直すとどうなるでしょう？

「**英語の文は、主語が文のはじめで、その次に動詞が続く**」のだから、

「**日本人は（主語）　食べる（動詞）　米を**」

とすればOK。

英語の文は〈主語＋動詞（＋その他の要素）〉が基本語順！

と覚えておけばよいでしょう。
英語の文には、この〈主語＋動詞〉**のカタチが必ず一組入ります。**
ただし、「**2つあったら間違い！**」です。

いろいろ言うと、ややこしい感じですが、とりあえず、
「**とにかく英語の文には、『…は』に当たる名詞と、動詞が1個ずつ必要！**」
ということだけ覚えておいてもらってもかまいません。特に、
「**必要な動詞は1個だけで、2個以上あったら逆に間違い！**」
という点に注意してください。

英語の動詞、ココに注意！

さて、ここで本題に戻りましょう。先ほど、

「英語の文には必ず動詞が必要だけど、日本語の文は動詞があってもなくてもイイ！！（日本語の文には、動詞があるものもあれば、ないものもある）」

というポイントが「**英語と日本語の最大の違い！**」と述べました。この違いをしっかりアタマに叩き込んだ上で、今度は英作文にチャレンジです。

Q 「日本人は米を食べる」を英語で言うと？

＊ヒント！　「日本人」は **Japanese**、「米」は **rice**、「食べる」は **eat** です。
単語を並べる順番にだけ注意（万が一、自信がない人は前のページで確認）。

正解は、次の通り。

日本人は　米を　食べる。
→ Japanese　eat　rice.

Q では、「その犬は大きい」を英語で言うと？

＊ヒント！　「その犬」は **that dog**、「大きい」は **big** です。

……前の問題と同じように、単語を置き換えて、

その犬は　大きい。
→ That dog　big.

で、いいかというと……、

よくないのですっ！

……日本語の要素は、すべて英語に置き換えていますが、これでは英語の文としては、チョット不十分。「**何かが足りない！**」って感じです。

「**？？**」という人は、p.18の内容を思い出してみましょう。この文は、
「その　**犬（名詞）** は　**大きい（形容詞）**」
というつくりになっていますね。つまり、「**動詞がない！！**」のです。
だから、この日本語の文をそのまま英語に置き換えた

That dog（that ＋名詞）　big（形容詞）.

もやっぱり「**動詞がない！！**」。つまり、この英文は、
「**英語の文には、必ず動詞がひとつ入る！！**」
という「**お約束！**」に違反しているから**×（バツ）**なのです！！

「**英語の文には必ず動詞が必要だけど、日本語の文は動詞があってもなくてもイイ！！**」というポイントを言い換えると、次のようになります。

重要

★日本語の文の結論は、動詞とは限らない（「文の結論＝動詞」の場合もあるけど、文の結論が動詞じゃない場合もある）

★英語で文の結論を示すためには、必ず「動詞」と名のつくものが必要（「文の結論＝動詞だけ」の場合もあるし、「文の結論＝動詞＋その他の言葉」の場合もある）

つまり、「**その犬は大きい**」のような文の結論が動詞じゃない日本語の文を英語で表そうと思ったら、**「大きい」を big という英語に直すだけでは不十**

分！ それと一緒に**何か動詞も入れてあげないといけない**わけです。

「でも、元の日本語の文にない動詞を英語の文に入れろって言われてもなぁ……」

と困っている人もいると思います。次のように考えてください。

> **日本語では動詞が入らない文（動詞以外の言葉が文の結論になる文）を英語にするときには、必ず be 動詞というものを使う！**

えっ、**「be 動詞って何？」**って？ ものすごく簡単に言うと次の通り。

be 動詞……普通の動詞（eat とか）が入らないときに代わりに使うもの。全然、動きなんかは表していないけど、たてまえ上は動詞。したがって、位置は普通の動詞と同じ、つまり主語の後ろに置く

be 動詞には、**am / are / is** など、いろいろなカタチがあります。
カタチはさまざまですが、役割はみんな一緒です。つまり普通の動詞が入らないときに使う**「代用品動詞！」**。
「働きは同じなのに、いろんなカタチを使い分けなければならない！」
というのが be 動詞の厄介なところですが、慣れさえすれば問題ないと思います。be 動詞の使い分けについては、このあと（p.29）で詳しく紹介しますが、とりあえず、この文の場合、be 動詞のカタチを **is** にして、

その犬は大きい。
　→ **That dog is big.**

とすれば正解。

ちなみに、英語では、この be 動詞と区別して、

swim（泳ぐ）、speak（話す）、eat（食べる）
のような普通の「動き・動作」を表す動詞のことを「**一般動詞！**」と言います。be 動詞と同じく、**一般動詞も、ちょっとしたカタチの使い分けが必要**なのですが、それについてはやっぱりp.29を参照。

……さて、be 動詞とか一般動詞とかいろいろ出しておいて、こんなことを言うのも何ですが、**英語で「動詞！」と言うときには、be 動詞と一般動詞の両方を指すのが普通**です。特にこの2つを区別する必要がある場合などに限って、「be 動詞／一般動詞」という呼び方を使います。

「**一般動詞の代用品**」とか「**動作を表さないくせに動詞**」とかちょっと冴えないイメージがあるとはいえ、**be動詞もれっきとした動詞**ということです。ですから、

日本人は米を食べる。
→ × **Japanese are eat rice.**

のように **be 動詞と一般動詞がひとつの文に入ることはあり得ません**。あくまでも「**動詞はひとつの英文にひとつだけ**」。
「食べる」という意味の一般動詞（eat）を使うのであれば、be 動詞は不用。
ひとつの英文に動詞が2個もあれば「間違い！」となるのです。

……日本語と英語の根本的な違いを実感できましたか？
英語には英語の約束事があり、そうした「**英語のお約束！**」をひとつひとつ覚えていかないと、きちんとした英語は身につきません。
そして、英語と日本語の違いを理解しようと思ったら、**「品詞」とか「主語」とか「文の結論」とか一見メンドクサイ、言葉の仕組みや役割を考えることが結局は近道**だったりするんですね。

動詞は名詞（主語）に頭が上がらない？

ココまで、とにかく「**英語では動詞が大事！**」ということを繰り返し述べてきました。そして、この本では、この後もずっと動詞を中心に話を進めていきますが、その前に、ちょっとだけ……。

英語では「**主語（名詞）だって大事！**」なのです。
p.21でも述べたように、英語の基本のカタチは〈主語＋動詞〉です。英語の文には、この〈主語＋動詞〉**のカタチが必ず一組入ります**。「主語」というヤツになれるのは基本的に名詞だけ。つまり、主語になる名詞と動詞は、固い絆で結ばれたパートナーみたいなものなのです。

しかし、動詞の大切なパートナーとも言える名詞というのは、ちょっと厄介な一面があるんですね。
もう少し正確に言うと、（主語となる）**名詞の数とカタチが厄介**。
この辺は日本語と英語の根本的な違いでもあるわけですけど、英語の名詞というヤツは、

「**数えられるかどうか、数えられるのなら数がいくつなのか、というポイントに異常に気難しい**」

みたいなところがあったりします。どう気難しいかというと次の通り。

> **数えられそうな「もの（名詞）」には、それがひとつだけなのか、それとも2つ以上なのかがわかるように、必ず「シルシ」をつける！**

ちなみに

ひとつだけというシルシ→名詞の前に a を入れる

2つ以上というシルシ→名詞の後ろに -(e)s をくっつける

となります。ですから、「**1冊の本**」なら **a book**、「**2冊以上の本**」なら **books** となるわけです。
なお、「**その本**」や「**私の本**」という場合には、**the** や **my** のような語を使うことになりますが、これらを使う場合は、数がひとつでも **a はつけません**。
一方、**複数形の -(e)s はちゃんとつける**必要があります。

「その本、私の本」が1冊の場合→ the book、my book
「その本、私の本」が2冊以上の場合→ the books、my books

という具合です。気難しい名詞も、どういうものか、だれのものかといった身元がはっきりすると少し安心してくれるといったところでしょうか。
ちなみに**人やものの名前、あるいは水や空気のような数えられないものにはこうしたシルシをつける必要はありません**。

さて、数とか身元にうるさいのは普通の名詞の話。とか言うと、
「じゃあ、普通じゃない名詞があるのか？」
とかつっこまれそうですが、名詞というのは基本的に「**ものの名前**」のことです。例えば、「**犬**」とか「**ギター**」とか「**高齢化社会**」とかそんな感じ。

でも、人間、何でもかんでも名前で呼ぶわけではないですよね。
例えば、自分のことを「**オレ**」、目の前の人を「**キミ**」、目の前にいない人を「**アイツ**」という具合に、名前以外の言い方で置き換えることもあります。
こういうのを名詞の代わりってことで、「**代名詞！**」と呼ぶんですが、**英語の代名詞ってヤツは、とにかくカタチにうるさい**。具体的には、

「主語の位置に入る場合はこのカタチ、動詞の次の位置に入る場合はこのカタチ、名詞の前の位置の場合はこのカタチ……」

って具合に、どの位置に入るかで、カタチを変えていかないといけないんですね。わかりやすく日本語に置き換えると、

「**『…は／が』という意味の場合はこのカタチ、『…に／を』という意味の場合はこのカタチ、『…の』という意味の場合はこのカタチ**……」

という具合に、英語では意味によって代名詞のカタチを使い分けなければならないわけです。
具体的には次の通り。

	…は／が	…の	…に／を
私、ボク、オレ	I	my	me
あなた(たち)、お前(ら)	you	your	you
彼、アイツ	he	his	him
彼女、アイツ	she	her	her
それ	it	its	it
私たち、ボクら、オレら	we	our	us
彼ら、彼女ら、アイツら、それら	they	their	them

＊「私は」という意味の I は、常に大文字。

「……**メンドクサ！**」
と、思わず叫びたくなった人もいるかも。
でも、メンドくささのあまり、そもそも何の話をしていたのかを忘れないこと。
「**英語は主語（名詞）だって大切！**」
って話でしたよね。ここまでに述べた通り、代名詞も主語になります。

つまり、英語の文の主語になることができるのは、大きく分けると、**数と身元にうるさい名詞と、カタチにうるさい代名詞**のふたつということです。
そして、こういう気難しい（代）名詞と必ずペアになる星の下に生まれた動詞をどういう宿命が待ち受けているかというと……、

主語となる名詞の数、代名詞の種類に合わせて、動詞のカタチも変えなければならない！

と、なるわけです。悲しいかな(ToT)、「気難しいパートナー＝名詞・代名詞」のご機嫌をうかがいながら、動詞も自分のカタチを変えなければならないんですね。

ちなみに、普段の動詞はそんなに**ヘタレ**じゃないんですよ。
詳しくはこの先でいろいろ出てきますが、「**動詞は英語ワールドの主人公！**」とも言える重要な存在だったりします。しかし、**英雄もカミサンにだけは頭が上がらない**と言うか、何と言うかその……、とにかく動詞は次のように主語となる名詞・代名詞に合わせて変化するのです。

重要

★動詞のカタチ　その１（一般動詞の場合）

●主語がふたつ以上（主語に -(e)s がついている場合）、あるいは主語が I（私）、you（あなた、あなたたち）、we（私たち）、they（彼ら）の場合はそのまま
（例：泳ぐ＝ swim、行く＝ go、食べる＝ eat）

●それ以外の場合は、後ろに -(e)s をつける
（例：泳ぐ＝ swims、行く＝ goes、食べる＝ eats）

★動詞のカタチ　その２（be 動詞の場合）

●主語が I（私）の場合は am

●主語がふたつ以上（主語に -(e)s がついている場合）、あるいは主語が you（あなた、あなたたち）、we（私たち）、they（彼ら）の場合は are

●それ以外の場合は is

こうした

「名詞が数えられるかどうか、数えられるのなら数がいくつなのか、というポイントに異常に気難しい」

さらに

「動詞が、パートナーである主語に合わせてカタチを変える」

というポイントは日本語にはない英語ワールドならではの「お約束！」なので、**日本人はうっかり名詞につける a や、動詞につける -(e)s を忘れがち**です。

ぜひ注意してください。

「らしくない」動詞に要注意！

さて、ココからは主人公である動詞に話を戻します。
まずは、一般動詞に関する注意点から。

Q 「アイツ（彼）はテニスが好きだ」と英語で言いたいとします。正しいのは次のどっち？

1. He is like tennis.
2. He likes tennis.

正解は……、
2. He likes tennis.
の方なんですねー。「**何となく 2 の方が正しそう**……」と思った人は多かったかもしれませんが、ここで「**アイツ（彼）はテニスが好きだ**」という日本語の文を動詞に注目しながら、よーく見てみてください。

「……**あれ？　あれれ？？　この文の動詞ってどれよ？**」
と思ったりしませんか？

「**動詞！**」とは文字通り、「**動作を表す言葉**」であるはずです。
しかし、動詞の中には、この **like（好き）** のように、「**あまり動詞っぽい感じがしない**（動作を表してる感じがしない）」ものも結構あります。

つまり、たとえ意味を考えた場合に、動作を表す感じがしなかったとしても、品詞の分類上はちゃっかり動詞扱い。こうした「**このひねくれ者め！**」と思わず文句のひとつも言いたくなるような動詞の代表格が、
like（好き）、know（知っている）、want（欲しい）
などです。いずれも「動作」というよりは、「思考」や「感情」などを表すのが特徴ですね。でも、たとえ「動作」を表さなくても、こうした語は、「**分類上は、れっきとした動詞のひとつ！**」なわけですから、

1. You are know him. → ×
2. I am like the girl. → ×
3. We are want water. → ×

のように、be 動詞とこうした語を、ひとつの英文に一緒に入れることはできません。くどいようですが、英語では**動詞はひとつの文に１個だけ！**
いずれも正しくは、

1. You know him.（あなたは彼を知っています。）
2. I like the girl.（ボクはその女の子が好き。）
3. We want water.（私たちは水が欲しい。）

となります。このような「**一見、動作を表していないけど、実は動詞！**」という**「隠れ動詞」に要注意です**！

「……**『要注意！』とか言われても、そんなややこしい連中、どうやって見分ければいいわけよ？**」
と、この本を投げ出しそうになっているアナタ。チョットマッテクダサイ！！

一見、動作とは関係のない「隠れ動詞」が、本当に動詞かどうかを判断するとても簡単な判別方法があります。その方法とは……、

（日本語の）語尾を伸ばしてみる！

ただそれだけ。
というのも、日本語では、**動詞の基本形は、語尾を伸ばすと「う段」の音になる**のが普通なんです。これは「たとえ動作という感じがしなくても、分類上は動詞」というものにも当てはまります。例えば、

食べるぅ、歩くぅ、住んでいるぅ、知っているぅ、

という具合。
動作かどうかビミョーな「**知っている**」も、この法則を使えば「隠れ動詞」であることが、一目瞭然ですね。この法則が当てはまる語は、基本的には英語でも動詞と思って大丈夫。間違っても、こうした連中と一緒に、be 動詞を入れたりしないでください。一方で、

美しいい、優しいい、かわいいい

のように**基本形の語尾を伸ばすと「い段」の音になる連中は「形容詞！」であることが多い**ので、この法則に当てはまる連中が日本語の文の終わりに結論として入っている場合には、be 動詞を必ず入れる必要があります。

まぁ、中には、「**好き（like）**」とか「**欲しい（want）**」のように、語尾を伸ばしても「う段」にならないくせに英語では動詞という上級「隠れ動詞」、「**お腹が減っている（hungry）**」とか「**人気がある（popular）**」のように語尾を伸ばすと「う段」の音になる上級「隠れ形容詞」もあるんですけどね。ただ、こうした例外はごく一部なので、個別に覚えても十分対応できるはず。

品詞で迷ったら、「**語尾伸ばし判別法**」でいきましょう！

be 動詞＝「…です」？

ここからは be 動詞に関する注意点を少し。

「be 動詞は、『…です』という意味（の単語）です！」
と中学の英語の授業の一番はじめの頃に先生から聞かされた人、多いのではないでしょうか？
でも、悲しいかな(ToT)、まじめにこの話を信じている人ほど、先に進むにつれ、「**かえって英語がわからなくなってしまう！**」ことが多いのです。
例えば……、ちょっと実際に体験してもらいましょう。

Q 次の英文を日本語に直してみてください。

1. My father is a doctor.
2. His cat is cute.

……答えは、

1. 私の父は医者です。
2. 彼のネコはかわいい（です）。

と、なりますね。
日本語では、「文の結論」が文の終わりに入ります。
だから、**1**の答えの文では、「医者」という名詞が文の結論で、**2**の文では「かわいい」という形容詞の部分が結論です。

さて、**1**のように、結論の部分が「**名詞**」の場合には、日本語では「**…です**」という語を最後につけるのが普通です。
しかし、**2**のように、結論の部分が「**形容詞**」の場合はどうでしょうか？

「『…です』が入った方が、丁寧な感じだけど……、別にあってもなくても

いいような」

って気がしませんか？
その通り！ 日本語の「…です」なんて、ホントにその程度の言葉なん**です！**

しかし！ 日本語の「…**です**」とは違って、**英語の be 動詞は「あってもなくてもいい」というものではありません。**文の結論を一般動詞で表せない場合には、「**ゼッタイ必要！**」なものなの**です！**

be 動詞は、一般動詞に比べると意味が軽くて、「**日本語にうまく訳せない／訳す必要がない**」こともよくあります。でも、be 動詞の場合、
「**大切なのは、それ自体の意味より、その役割！**」
だと考えてください。例えば、

That dog big ...

のように、一般動詞も、be 動詞もなかったら……おそらく英語でものを考え、英語を話す「**英語人**（この本では英語圏の人をそう呼ばせてもらいます）」であれば、
「**その犬が大きくって……それで？ 続きは？？ まだ文が終わってないよ**」
と感じるはず。なぜなら、
「**英語で文の結論を示すためには、必ず動詞と名のつくものが必要**」
というのが英語の決まりだからです。裏を返せば、
「**be 動詞を入れてあげないと、どこからが文の結論なのかわからない！**」
そして、be 動詞と出合うと、
「**おっ、この文の結論は一般動詞じゃ表せないんだな。で、この先にホントの文の結論が登場するんだな**」
とホッとする、それが英語人の感覚だといえます。

だから、こういう一般動詞を使わない文を英語で言うときには、必ず英語人

の感覚に合わせて、be 動詞を入れて、文の結論の場所を前もって教えてあげましょう。
たとえ、あまり意味はなくても、一般動詞が入らない場合に、「**文の結論はココですよ**」とお知らせする大切な役割を担うのが**be 動詞**です。
省略するなど、もってのほか！
be 動詞は「そこに存在していること」に尊い価値があるのです！

……もしあなたが「**be 動詞＝『…です』**」と覚えているようなら、**今すぐ忘れてください**。そして代わりに、

「**『be 動詞』とは、文の結論を一般動詞（eat とか）で表せないときに、必ず使わないといけないもの！！**」

と覚えなおしましょう。
それが、「**英語がわかるようになるための第1歩！**」です。

英文法の予備知識 1

会話における be 動詞の省略

え一、「**be 動詞はゼッタイ必要！　省略不可！！**」という話を延々としたあとで、こんなことを言うのは恐縮ですが、**be 動詞が省略されるケースがないわけではありません。**、会話などでは、
"You stupid!"（このバカやろう！）
のように be 動詞が省略されることもあります。
stupid（愚かな）は「**形容詞！**」なので、本来なら、**"You are stupid!"** となるはずです。ところが、会話の場合、
「**だって、これくらい短い文なら、いちいち be 動詞を入れなくってもわかるでしょ？**」
という、会話ならではのノリで省かれたりするのです。
ただし、これはあくまで「**会話だから許される特例！**」だと考えてください。

「ふくしゅう」宿屋……1泊目

さて、一気にいろいろな話をしたので、すでにイッパイイッパイの人もいるのでは？　そんなあなたのために、ココで解説はチョット一休み。でも、解説は休んでも、アタマまでは休憩させません。やはり、覚えた知識は、実際に使ってみないとなかなか身につかないもの。ココで「**STEP 1**」の内容を「じっくり」おさらいしておきましょう。
名づけて、世界一（アタマが）疲れる休憩所、「『**ふくしゅう**』**宿屋**」です。

Q 次の日本語の文の内容と、それに対する英語の文について、英文が正しければ○をつけ、間違っていれば正しい文に訂正しましょう。

1. あなたは教師です。
You a teacher.

2. タカコは小さい。
Takako is small.

3. 彼は英語をしゃべる。
He is speaks English.

4. あの先生は人気がある。
That teacher popular.

5. 私たちはお金が欲しいのです。
We are money want.

基本的なチェックポイントは次の通り。

日本語の文のチェックポイント

その1：主語は何か？

その2：文の結論は、一般動詞で表せるか？
⇒一般動詞で表せない場合、必ず英文には **be 動詞**を入れる。

英語の文のチェックポイント

その1：主語と動詞の位置関係は大丈夫か？
⇒英語は、〈主語＋動詞（＋その他）〉が基本のカタチ。

その2：動詞が 2 個以上ないか？
⇒動詞はひとつの英文にひとつだけ！

……えっ、「**あとから言うな**」って？
自信がない人は、ここで自分の解答を再確認。
その上で、答え合わせにいってみましょう。

解答と解説

1. あなたは教師です。
× You a teacher.
→ ○ You are a teacher.

日本語を見ると「**動詞がない！**」ですね？　「**それなら英語の文の方には be 動詞が入っていないとダメ！**」と意識しながら、英文を見てみると……、**be 動詞がない！**　だから、この英文はダメ。be 動詞を入れてやらないといけません。ココでは主語が「あなた（you）」なので、それに合わせて 3 種類の be 動詞の中でも **are** を使います（p.29を参照）。上記の「**英語の文のチェックポイント　その 1**」でも挙げた通り、「**英語は、〈主語＋動詞（＋その他）〉が基本のカタチ**」なので、are を主語の you の次に入れれば正解です。

2. タカコは小さい。

〇 Takako is small.

p.33でも述べた通り、「小さい」は語尾を伸ばすと「**小さいぃ**」と「い段」の音になるので形容詞です。ですからこの日本語の文にも「**動詞がない！**」ということになります。「**だったら、英語の方には be 動詞が入っているはず！**」と意識しながら、英文の方を見てみると……確かに be 動詞（is）が入っていますね。語順も Takako is small. とちゃんと、**〈主語＋動詞（＋その他）〉**のカタチになっているので、このままで正解。

3. 彼は英語をしゃべる。

× He is speaks English.

→ 〇 He speaks English.

日本語の文には「**しゃべる［話す］**」という動詞が入っています。「**だったら、英文では speak（話す）という一般動詞を使うはず！**」と意識しながら英文を見てみると……。確かに speaks という動詞は入っているけど、なぜか、be 動詞（is）まで一緒に入っています。左ページの「**英語の文のチェックポイント　その2**」でも挙げた通り、「**ひとつの文に動詞は1個だけ。2個以上あれば間違い！**」ですから、is は削除。そうすると、語順もちゃんと、**〈主語＋動詞（＋その他）〉**のカタチになって問題なし。
なお、主語が he なので、一般動詞 speak の後ろに **-s** をつけるのを忘れないでください。これを忘れると**×（バツ）**ですよ（p.29も参照）。

4. あの先生は人気がある。

× That teacher popular.

→ 〇 That teacher is popular.

日本語の「**人気がある**」は、語尾を伸ばすと「う段」の音になるものの、英語では **popular という形容詞**を使って表します。何とも厄介な隠れ形容詞ですが、「人気がある」のような「程度」を表す言葉は英語では形容詞で表す傾向があるので、参考程度に覚えておいてください。
さて、「人気がある」を popular という形容詞で表す以上、この英文には一般動詞が入らないということになり、**be 動詞が必要**になります。主語は「あの先生（that teacher）」なので、be 動詞の中でも使うのは is となり、コレを主語の後ろに入れれば正解となります。

5. 私たちはお金が欲しいのです。

× **We are money want.**

→ ○ **We want money.**

日本語の文を見ると、動詞に当たる言葉がないような気がするかもしれません。でも、「**欲しい**」は語尾を伸ばすと「い段」の音になるものの、英語では **want** という一般動詞を使って表す厄介な隠れ動詞のひとつでしたよね？
つまり、「**一般動詞の want が入る以上、この英文には be 動詞を使う必要ナシ！**」となるのですが、それを意識しながら英文を見てみると……、必要ないはずの be 動詞（are）がちゃっかり割り込んでますね。だから、まずコレを削除。さらに、この文では語順にも注意。「**英語は、〈主語＋動詞（＋その他）〉が基本のカタチ**」なので、一般動詞の want を主語 we の後ろに移動させれば正解となります。

STEP 2

否定文・疑問文のカタチ

否定文・疑問文は、一般動詞／be 動詞の区別がカギ！

「**STEP 1**」では、一般動詞と be 動詞という 2 種類の動詞のカタチを紹介してきました。念のため、例を出すと次のような感じ。

★一般動詞

1. He speaks English.（彼は英語を話す。）
2. I like the girl.（ボクはその女の子が好き。）
3. We want water.（私たちは水が欲しい。）

★ be 動詞

1. I am busy.（私は忙しい。）
2. He is a teacher.（彼は先生です。）
3. His cats are cute.（彼の猫はカワイイ。）

ここまでに、
「英語の文には必ず動詞がひとつ必要！　でも一個あれば十分！！」
と何度も言ってきました。……いい加減、しつこい？　でも、**それだけ大事ってことなんです！**（ちなみに、普段のボクは、こんなにしつこくありません。**念のため**）

「英語の文には必ず動詞がひとつ必要！」な以上、英語の文には、**一般動詞か be 動詞のどちらかの動詞が必ず使われる**ことになります。
そして、**「でも一個あれば十分！！」**である以上、**一般動詞と be 動詞の両方が、ひとつの文に同時に存在することは、あり得ない**ということです。

このポイントがこれからご紹介する**「否定文」と「疑問文」のカタチ**に大きく生きてきます。

みなさん、「否定文」とか「疑問文」って言葉を聞いたことはありますよね？
「否定文！」とは、**「好きじゃない／食べない」**のように内容を打ち消したり否定したりする言い方、**「疑問文！」**とは**「好きなの？／食べる？」**のように相手の人に質問したりする言い方のことです。ちなみに、「否定文・疑問文」に対して、内容を打ち消したり、相手に質問したりしない「普通の文」のことを「**肯定文！**」と言います。

実は、「**英語の否定文と疑問文は、一般動詞／ be 動詞のどちらを使っているかで、そのカタチが大きく変わってくる**」のです。

実際に、例を出しましょう。まずは「**否定文！**」から。

1. That dog is not big.（その犬は大きくない。）
2. Jeff does not eat fish.（ジェフは魚を食べない。）
3. We do not play tennis.（ボクたちはテニスをしません。）

今度は「**疑問文！**」。

1. Is that dog big?（その犬は大きいの？）
2. Does Jeff eat fish?（ジェフは魚を食べますか？）
3. Do you play tennis?（キミはテニスをするの？）

一般動詞／be 動詞のどちらを使うかで、「**何かが違う！**」のが、見えてきたでしょうか？

それでは、「否定文」と「疑問文」のそれぞれのカタチについて、具体的に何がどう違うのかをこれからじっくり見ていきましょう。

否定文

「…**ではない**」と内容を否定する文（否定文）では、使う動詞が一般動詞であれ、be 動詞であれ、普通は **not** という語を使って否定を表します。

That dog is big.（その犬は大きい。）

のような、**be 動詞**を使う英文なら、

That dog is not big.（その犬は大きくない。）

のように、**be 動詞の後ろに not を置く**だけでOK。簡単ですよね？
一方、

Jeff eats fish.（ジェフは魚を食べる。）
We play tennis.（ボクたちはテニスをする。）

のような、**一般動詞**を使う文の場合は、ちょっとメンドクサイ。

Jeff does not eat fish.（ジェフは魚を食べない。）
We do not play tennis.（ボクたちはテニスをしません。）

のように、ただ not を使うのではなく、**主語と一般動詞の間に、do / does のいずれかを入れて、その後ろに not を置く**というカタチになります。
つまり、**〈主語＋ do / does ＋ not ＋一般動詞（＋その他の要素）〉**というカタチ。

do / does の使い分けは、次の通り。

重要

★**主語に -(e)s がついている（複数の）場合、あるいは主語が I（私）、you（あなた、あなたたち）、we（私たち）、they（彼ら）の場合（つまり、普通の文で一般動詞に -(e)s がつかない場合）は do**

★**それ以外の場合（つまり、普通の文で一般動詞に -(e)s がつく場合）は does**

さて、does を使う場合は特に注意が必要。

○ **Jeff does not eat fish.（ジェフは魚を食べない。）**
× **Jeff does not eats fish.（ジェフは魚を食べない。）**

普通、「**主語がひとつだけのモノ、人の名前、he / she などの場合には、一般動詞の後ろに -(e)s をくっつける**」のが決まりですが、does を使うのであれば、一般動詞の後ろについている -(e)s が消え去るのです。……ついたりつかなかったり、**ああメンドクサイ**。（ToT）

does を使うのなら、一般動詞に -(e)s をつけない！

と覚えておきましょう。

なお、否定の表現は、
aren't / isn't / don't / doesn't
のように、**not を -n't と縮めて、be 動詞や do / does のあとに直接、続ける**のが普通です。ただし、**I am not** というカタチだけは、I amn't ではなく、**I'm not** のように I と am の方をくっつけて短縮します。

疑問文

「…**なの？**」と質問する文（疑問文）の場合も、動詞が be 動詞と一般動詞のどちらかによってパターンが分かれます。

That dog is big.（その犬は大きい。）

のように、**be 動詞**を使う文なら、

Is that dog big?（その犬は大きいの？）

のように、**be 動詞を文頭に出す**（動かす）だけでOK。これまた簡単。
一方、

Jeff eats fish.（ジェフは魚を食べる。）
They play tennis.（彼らはテニスをする。）

のような、**一般動詞**を使う文の場合は、

Does Jeff eat fish?（ジェフは魚を食べますか？）
Do they play tennis?（彼らはテニスをするの？）

のように、否定文のときに使ったのと同じ **do / does のうちのいずれかを文頭に置く**だけ。否定文よりはメンドクサクない（?）かも。
ちなみに、do / does の使い分けは、否定文の場合と同じ。また、疑問文の場合も **does を使ったら、一般動詞に -(e)s をつけない**という点に注意してください。

質問されたらどうしよう？──疑問文への答え方

さて、だれかに何か質問されたら、ちゃんと返事をするのが人間社会のルールですよね。今度は質問された際の答え方について見ていきましょう。

まず、**be 動詞**を使う疑問文には、それぞれ次のように答えます。

1. Is that boy tall?（その男の子は背が高いの？）
→ **Yes, he is. / No, he isn't.**
（はい、そうです。／いいえ、違います。）

2. Are you stupid?（あんた、アフォですか？？）
→ **Yes, I am. / No, I'm not.（はい、そうでーす。／いや、断じて！）**

1 に対する答えでは、**that boy** という元の疑問文の主語が、**he（彼）** に変わっていることに注意。というのも、「**答えは、できるだけシンプルに！**」が英語流なんですね。
また、**2** のように **Are you ...?（あなたは…ですか？）** と聞かれた場合には、自分のことについて返事をするわけですから、主語は **I** 、be 動詞はそれに合わせて **am** になります。否定する場合は、**I'm not** と I と am をくっつけて短縮する方が自然。

また、動詞が**一般動詞**の場合（つまり、**do / does を使う疑問文**の場合）には、次のように答えます。

Does Jeff eat fish?（ジェフは魚を食べますか？）
→ **Yes, he does. / No, he doesn't.**
（はい、そうです。／いいえ、違います。）

こちらも、答えの方では、主語の名前（**Jeff**）をいちいち繰り返す代わりに「彼（**he**）」に置き換えていますね。また、**do / does を使う一般動詞の疑問文に対しては、do / does（否定する場合は don't / doesn't）を使って答える**点にも注意してください。

それからもう一点。

Is this your piano?（これはあなたのピアノですか？）
Yes, it is. / No, it isn't.（はい、そうです。／いいえ、違います。）

のように、疑問文の主語が **this / that**（これ／あれ）の場合は、**this / that** を **it**（それ）に変えて（＝ **it** を主語にして）答えます。
これも、ぜひ覚えておいてください。

「否定文＋疑問文」？

ココからはちょっとした応用編（だから、すでにイッパイイッパイの人は後回しにしても全然OK）。

「**彼は英語が好きじゃない**」と否定したければ、

He doesn't like English.

となるし、「**彼は英語が好きですか？**」とたずねたければ、

Does he like English?

となるのは、ここまで説明した通りです。

でも、ちょっとややこしい話ですが、「…じゃない」という否定と「…なの？」という疑問をミックスした「**…じゃないのですか？**」という聞き方も日本語ではできますよね。

実は、英語にもこういう言い方はちゃんとあります（ただし、「**えー！　ウソー？　信じられなーい！**」といった、**少し驚いた／相手を小バカにした**ニュアンスで使うことが多いので、使うときは要注意！）。

質問のカタチそのものは意外と簡単です。

例えば、「**彼は英語が好きじゃないの？（ウソー？　好きだろ？）**」なら、

Doesn't he like English?

のように、**普通の疑問文の頭にある do / does に not をくっつけて、否定のカタチにするだけ**。

be 動詞を使う文の場合も同様で、例えば、「**英語は難しくないの？（ウソー？　難しいでしょ？）**」と聞くのなら、

Isn't English difficult?

のように、**文頭の be 動詞に not をくっつけて、否定のカタチにするだけ**でOK。

ただし、「**否定文＋疑問文**」のカタチの文（「**否定疑問文**」と言います）の場合、**一般動詞を使う文なら don't / doesn't、be 動詞を使う文なら「be**

動詞＋ -n't」のように、**必ず短縮形を使う点に注意**してください。

さて、話がややこしくなってくるのはココから。否定疑問文で注意が必要なのは、「**答え方**」の方なのです。

日本語の場合、
「**キミは英語が好きじゃないの？**」
のように聞かれたら、
「**はい、好きじゃないです／いいえ、好きです**」と答えますよね。

でも、
Don't you like English?（キミは英語が好きじゃないの？）
のような、英語の否定疑問文に対して、
「**いや、ボクは英語好きです！**」と答えたいなら、
Yes, I do.
「**ええ、おっしゃる通り、英語ギライです**」と答えたいなら、
No, I don't.
と答えることになるのです。

「……**ん？？**」と思った人がいるのでは？
つまり、**否定疑問文に答える場合、日本語の「はい／いいえ」と英語のyes / no の使い方はまったく逆になる**ということです。
日本語の「**はい／いいえ**」は、**質問してきた相手への返事**であって、**自分がこれから述べる内容の「肯定／否定」とはつながっていません。**
でも、英語の **yes / no** というのは、**相手への返事ではなく、自分（答える側）がこれから言おうとしていることが肯定の内容（yes）なのか、否定（no）なのかを前もって知らせるサイン**のような感じなのです。
言わば、英語の方が「**ちょっとジコチュー**」な感じなんですね。

「ふくしゅう」宿屋……2泊目

それでは、ココで頭の整理も兼ねて、またしても「『ふくしゅう』宿屋」の出番です。しかも、今回は英作文と間違い探しの「**豪華二本立て！**」……迷惑？

Q 日本語の内容に合う英文を書きましょう。

1. カズミは英語が好きだ。
2. 彼らはお腹が空いているのですか？
3. ダイスケはトルコ語（Turkish）を話しません。

「うーん……」という人のためにヒント。
前回とほぼ同じですが、とりあえず「**STEP 2**」までは、この基本のチェックポイントをしっかりマスターするのが第一目標です。

日本語の文のチェックポイント

その1：主語は何か？

その2：文の結論は、一般動詞で表せるか？
⇒一般動詞で表せない場合、必ず英文には **be 動詞**を入れる。

その3：肯定文（相手に質問したり、内容を否定したりしない「普通の文」）か、それとも疑問文・否定文か？

英語の文のチェックポイント

その1：主語と動詞の位置関係は大丈夫か？
⇒英語は、〈主語＋動詞（＋その他）〉が基本のカタチ。

その2：動詞が2個以上ないか？
⇒動詞はひとつの英文にひとつだけ！

今回、新たに加わった前ページの「★日本語の文のチェックポイント　その3」に注意。英文を**疑問文／否定文のカタチにする際には、動詞が一般動詞／be 動詞のどちらなのかに気をつけないと動詞ようもない（寒……）**んでしたよね？

では、以上のチェックポイントをアタマに叩き込んだら、答え合わせへ。

解答と解説

1. カズミは英語が好きだ。
→ Kazumi likes English.

日本語の「**好き**」は動作っぽくないけど、英語で「好き」を意味する **like** は英語の分類上は動詞に当たる「**隠れ動詞！**」ということを覚えていますか？（万が一、忘れていたらp.31で復習）。したがって、ココでは、be 動詞は不要（入れたら×）。**〈主語＋動詞（＋その他）〉**という英語の基本のカタチ通りに、主語（Kazumi）の次に動詞（like）、その後ろに English を入れれば正解。なお、主語が **Kazumi** という人の名前なので、**動詞（like）に -s をつける**のを忘れないこと。

2. 彼らはお腹が空いているのですか？
→ Are they hungry?

この文は、何やら「質問」していますね。つまり、疑問文。否定文と疑問文は、動詞が be 動詞か一般動詞かによって、カタチが変わるんですよね。p.33で述べたように、英語で「**お腹が空いている、空腹の（状態）**」を意味する **hungry は形容詞**です。というわけで、この文には一般動詞ではなく be 動詞（主語が they なのでココでは are ）が入ることになります。肯定文なら、**They are hungry.** だけど、**be 動詞を使う疑問文は、be 動詞を文の頭に出す必要アリ**。したがって、are を主語の前に動かしたカタチが正解となります。

3. ダイスケはトルコ語（Turkish）を話しません。
→ Daisuke does not speak Turkish.

今度は否定文ですね。これも、やっぱり動詞に注目。日本語の「**話す**」は英語では一般動詞の **speak** となります。一般動詞が入る文を否定文にする場合、**〈do / does のいずれか＋ not〉**というカタチを、主語と動詞の間に入れればOK（p.44参照）。ココでは主語が「**ダイスケ**」という人の名前なので、**does not** というカタチを主語（Daisuke）と動詞（speak）の間に入れます。does not を縮めて、doesn't としても、もちろん可。

Q **次の日本語の文の内容と、それに対する英語の文について、英文が正しければ○をつけ、間違っていれば正しい文に訂正しましょう。**

1. あなたは10時に（at ten）寝るのですか？
Are you sleep at ten?

2. この小説は面白いの？
Do this novel is interesting?

3. お前はその曲を知らないよ。
You aren't know the sing.

チェックポイントはさっきの英作文と一緒です。
満足するまで自分の解答を確認したら、答え合わせへ。

解答と解説

1. あなたは10時に寝るのですか？

× Are you sleep at ten?

→ ○ Do you sleep at ten?

日本語の文を見ると、疑問文であることがわかりますね。さらに「寝る」は、英語では一般動詞の **sleep** で表します。一方、英文の方を見てみると、you と相性のいい **are** という be 動詞で文がはじまっていて、一応、疑問文のカタチにはなってはいるのですが……**もちろん、これではダメ！** ココでは一般動詞（sleep）を使うのだから、be 動詞が入ることはありません。「**動詞が一般動詞の場合、疑問文は、do / does を文頭に置く**」（p.46参照）のだから、ココでは主語の you に合わせて、do を文頭に置けば正解。

2. この小説は面白いの？

× Do this novel is interesting?

→ ○ Is this novel interesting?

この文は疑問文で、**「面白い（interesting）」は形容詞**。よって、be 動詞（ココでは主語が **this novel** なので **is**）が入ります。肯定文なら、**This novel is interesting.** となるところですが、ココでは疑問文なので、be 動詞（is）を文頭に出したカタチが正解。ところが英文に目を向けると……、なぜか一般動詞を使う文を疑問文にするときに使う do が入っています。したがって、元の英文は問答無用に×（バツ）。きちんと be 動詞（is）を文頭に出したカタチに直しましょう。

3. お前はその曲を知らないよ。

× You aren't know the sing.

→ ○ You don't know the song.

この文は、否定文。「**知っている（know）**」は動作っぽくないけど、実は動詞でしたよね（p.31参照）。だから、この文は「**否定文の中でも、一般動詞を使う否定文！**」と意識しながら、英文を見てみると……、**なぜか be 動詞（aren't）が入っています**。「**ダメだコリャ！**」というわけで、一般動詞を使う否定文のカタチに直しましょう。ココでは主語が **you** なので、**〈do ＋ not（縮めると don't）〉**というカタチを、主語（you）と動詞（know）の間に置けばOK。「さぁ、これで正解！」……といきたいところですが、この問題では、単語にも注意。元の英文に入っている **sing** は、実は「曲、歌」という意味の名詞ではなく、「**歌う**」という意味の動詞なのです。「**歌、曲**」を意味する名詞は **song**。ときどき、うっかり間違える人がいるので注意してください。

STEP 3

動詞が英文のカタチを決める！（一般動詞編）

「日本人は英語が苦手」の理由

Q 次の文を英語に直してみましょう。

1. ボクたちはテニスをする。
2. ボクは音楽を聴く。

答えは次の通り。

1. We play tennis.
2. I listen to music.

……いかがでしたか？
実は、コレって、「**STEP 0**」でとりあげた例文とまったく同じ。覚えていた人はきっとできたと思います。

しかし！ このボクも**学生時代に英語で赤点を5回獲得した漢（オトコ）**です（威張れませんが）。そのボクが断言しましょう。
みなさんの中には、2の「ボクは音楽を聴く」をうっかり、

× I listen music.

と「**やっちゃった**」人も「**ゼッタイ**」いるはず！
いや、たとえ今回は正解でも、**過去に「やっちゃったこと」がある**人はきっといるはず！ ……**いや、この際、いることにしてください**（ちょっと弱気）。

もちろん！ 正しくは listen と music の間に **to** が入って、

○ I listen to music.

となります。

「…… to が入るって？　そう言えば、そうかも。でも、そんなの大した問題じゃないでしょ？」
と心の中でつぶやいたそこのアナタ！！

実は、コレが大した問題なんです！

何でココにこんなにこだわるかというとですね、この「**to があるか／ないか**」という一見ささいな違いにこそ、**非常に多くの日本人が英語につまずく原因と、それを解決するためのヒントが隠されている**からです。

ここでもう一度、日本語の文と、英語の文をよ～く見比べてみましょう。
まずは日本語の文から。

1. ボクたち　は　テニス　を　する。
2. ボク　は　音楽　を　聴く。

今度は英語の文。

1. We play tennis.
2. I listen to music.

日本語の方は、どちらもまったく同じ構造ですよね。品詞で言えば、
「(代) 名詞　は　名詞　を　動詞」
という感じ。
……しかし、にもかかわらず、英語の方には「**to があるか／ないか**」という「小さな」、でも「はっきりした」構造上の違いがあるのです！

「……あれ？　……何で？」
と、ちょっと気になってしまった人。そんなアナタは大丈夫！
たとえ、今は英語が苦手だとしても、あとで必ず伸びます。

「……**別に気にならないけど**」
という人は……ちょっとムチャですが、**ムリヤリ気にしてください**！

というのも、実は、かつてボク自身がココにつまずいていたんです。そして、その経験上、今では、

「今までの日本の英語教育では、**この部分をだれにでもわかるような言葉で説明できずにいた**。それが、『**日本人は英語が苦手**』と言われる現状を生み出した**最大の原因のひとつ**だ！！」

と密かに思っていたりするからなんです。

ココからボクなりに、この部分を「**だれにでもわかるように**」説明していこうと思います。そして、これまでに多くの人たちに英語を教えてきた経験から、ココから先の解説で「**日本人は英語が苦手**」という問題を少なからず解決できるのではないかなどと、大それたことを考えていたりします。

どうか「だまされた」と思って、しばらくつき合ってみてください。

日本語と英語の文の根本的な違い

さて、どうして、**日本語ではまったく同じ構造の文なのに、英語では to があったりなかったりする**のでしょうか？

この謎を解き明かすために、まず、**日本語の文の特徴**を見てみましょう。
日本語の文は、

1. ボクたち　は　テニス　を　する。
2. ボク　は　音楽　を　聴く。

のように、名詞の後ろに「**は、を、に、が**」などの「**助詞**」と呼ばれる品詞がくっつくのが特徴です。単語を「は、を、に、が」などで、つなげていくことによって、「**だれが／何をするのか**」といった、それぞれの**単語同士の関係や立場を表す**わけです。
言ってしまえば、日本語の場合、「**名詞の後ろにどんな助詞をくっつけて使うか**」が最も重要なのであって、そのせいか、**日本語は語順が変わっても結構、話が通じてしまいます**。例えば、

「**その女の子　が　男の子　を　殴った**」

という文があったとします。名詞と助詞の結びつきを変えない限り、

「**男の子　を　その女の子　が　殴った**」

のように「その女の子が」と「男の子を」の語順を入れ替えても、意味は別に変わりないですよね。

でも、英語は違うんです！
英語の品詞の中では、「**前置詞**（**to** や **in** など）」というヤツが日本語の助詞に比較的近いと思います。
でも、日本語の助詞と英語の前置詞は役割は似ていても違う！　何が違うっ

て、重みというか、重要性みたいなのがまったく違うんですね。

日本語の**助詞**は、それぞれの**単語同士の関係や立場を表す**上で、「**極めて重要！**」な役割を担っています。しかし、**英語には、前置詞以上に単語同士の関係や立場を表す上で大切な要素**があるんです。

それが「語順」です！

ココまでに何度か、
「**英語の文は〈主語＋動詞（＋その他の要素）〉が基本語順！**」
ということを述べてきました。つまり、

「**まず、最初に主語（『…は』に当たる名詞）があって、その次に（「文の結論」を示すための）動詞がある！**」

ということです。

Japanese（主語） **eat（動詞）** **...** （日本人は…を食べる）
We（主語） **play（動詞）** **...** （ボクたちは…をする）
The boy（主語） **is（動詞）** **...** （その男の子は…）

といった具合ですね。
日本語では、「**どの言葉が主語なのか**」を示す際に「**ケンジ　は　…する**」のように助詞を使います。
一方、英語は「**動詞の前にある名詞が主語**」です。「**どの言葉が主語なのか**」をいちいち前置詞を使って表したりはしません。**英語の主語は位置関係（語順）で決まる**のです。

さて、**〈主語＋動詞（＋その他の要素）〉**という英語の基本語順のうち、「**主語＋動詞**」のところまではOKとして、気になるのはココから先ですよね。
つまり、動詞の後ろの「**その他の要素**」となっている部分。

動詞の後ろには、一体どのような言葉が続くのでしょうか？
名詞？　形容詞？　それとも前置詞？

答えとしては、**どれも不十分**。実は、

> **英文の動詞から後ろのカタチは、**
> **「どのような動詞を使ったのか」によって決まってくる！**

のです。つまり、この動詞を使うのなら、その後ろにはこんなカタチがアリで、これはナシといった具合に、**動詞がその次にくる言葉を決定する力をもっている**、いわば「**動詞が英語の文を支配している**」わけです。
そうした意味で、「**英語の文では、とにかく動詞が大事！（動詞は英語ワールドの主人公的存在！）**」となってくるんですね。

では、今から、一般動詞と be 動詞の場合に分けて、実際に後ろにどんなカタチが続くのか、ひとつひとつ見ていきます。
まずは一般動詞の場合から。

一般動詞の後ろに続くのは？

一言で一般動詞と言っても、**「後ろにどんなカタチを続けることができるのか？」**という基準で考えると、いくつかのタイプに分かれます。
中でも、**最も多数派なのは、**

eat（動詞） rice（名詞）　（米 を 食べる）

の **eat** のように、**「その後ろに（『…を』に当たる）名詞が1コだけ続く」**というタイプです。つまり、主語まで含めて考えると、

「主語＋動詞＋（「…を」に当たる）名詞」

というカタチが、**「英文の最も基本的なカタチ・枠組」**と言えるかもしれません（ただし、コレはあくまで**「基本」**であることをお忘れなく！）。

さて、それではココで、この**「STEP 3」**の冒頭で取り上げた英文をもう一度思い出してみましょう。

1. We play tennis.
2. I listen to music.

……何が言いたいか、わかってもらえたでしょうか？

1の英文は動詞の **play** の後ろに、**tennis（テニス）**という名詞が続いていますね。つまり、**play は**、今説明したばかりの、**「その後ろに名詞が1コだけ続く」最も標準的なタイプの動詞**というわけです（このような動詞の直後に続く名詞を文法用語で**「目的語！」**と言います。詳細はp.66参照）。

それに対して、**2**の英文では **listen** という動詞の後ろに、名詞ではなく前置詞の **to** が続いています。
つまり、**listen は「動詞＋（「…を」に当たる）名詞」という標準的な**

「優等生タイプ」とは一味違う動詞ということ。正確には、

「後ろに名詞を続けたいのなら、必ずその動詞と名詞の間に、接着剤に当たる前置詞が必要」（前置詞の詳細はp.86～を参照）

という**少し困った個性派の動詞**、それが **listen** なのです。

文法用語では、play のように、後ろに直接、名詞を続けられる動詞を「**他動詞！**」、listen のように、前置詞の助けがないと後ろに名詞を続けられない動詞を「**自動詞！**」と呼びます。厳密には、このふたつには、もう少し違いがあるのですが、とりあえず、この本ではそう考えておけば、OK。
また、本書では、**be 動詞**については「**自動詞／他動詞**」とはまた別の区切りで考えることをお勧めしています（p.80参照）。とにかく、

英語の一般動詞には、後ろにいきなり名詞を続けていいタイプと、名詞を続けるのに前置詞が必要なタイプの 2 通りがある！

ということです。

一方の**日本語**はと言えば、「**動詞によって後ろに続くカタチが決まる**」ということはないし、したがって「**自動詞／他動詞**」のような動詞の区別もありません。日本語と英語では、
「文の構造についてのルールが根本的に違う！」
のです。そして、このルールの違いが「**日本語ではまったく同じ構造の文なのに、英語では『to があるか／ないか』という違いがある**」という不思議の原因だったりします。

ココは本当に重要で、ココが理解できているかどうかが、英語を「**何とな～く**」ではなく、「**自信をもって**」使いこなせるようになるかどうかの最初の分かれ道と言えます。**絶対に覚えておいてくださいね。**

「目的語」って……ムズカシイ？

他動詞（後ろにいきなり名詞を続けていいタイプの動詞）の後ろに入る名詞（日本語にすれば、大体の場合『**…をする**』の『**…を**』に当たる名詞）のことを、文法用語では「**目的語！**」と呼びます。

We play tennis.（私たちはテニスをする。）
なら、**play** の直後の **tennis** という名詞が目的語。
Japanese eat rice.（日本人は米を食べる。）
なら、**eat** の直後の **rice** という名詞が目的語です。
簡単ですよね？

でも高校以降、この「目的語」という言葉が、「**目的語をとる**」とか「**目的語にかかる／目的語を修飾する**」とか怪しげで意味不明な言い回しとともに連呼されるせいで、
「**何か目的語って響きが生理的にイヤ！**」
といつの間にか「**勘違いしてしまった**」人が意外に多いような気がします（実は自分がそうだったりして……）。

「**目的語**」そのものは上で説明している通り、とても簡単なものです。
ちなみに「**目的語をとる**」は、「**動詞の後ろに『…を』に当たる名詞（目的語）を続ける**」、「**目的語をとらない**」は、「**動詞の後ろに名詞（目的語）を続けてはいけない**」、「**目的語にかかる／目的語を修飾する**」は、「**目的語を詳しく説明する**」とかその程度の意味だったりします。

同じ動詞でも、いろいろな顔がある

Q 次の２つの文を英語に直してみましょう。

1. ボクは彼を知っている。
2. ボクは彼について知っている。

答えは、次の通り。

1. I know him.
2. I know about him.

1の英文は、know と him の間に何もありません。
一方で、**2**の英文の know と him の間には、「**…について**」のようなニュアンスを表す前置詞 **about** があります。

……あれ？　……あれれ？
英語の動詞には、「**その後ろにいきなり名詞を続けてイイ**」という優等生タイプと、「**後ろに名詞を置きたいなら、その動詞と名詞の間に、接着剤に当たる前置詞が必要**」な個性派タイプがあるのでしたよね。
「**じゃあ、この know って、どっちなのよ？**」
って思ったりしませんか？

人間の世界でも、「**一見、優等生タイプでも、裏では何やっているかわからない**」みたいなとこがあったりするじゃないですか？　フフッ（と、ほくそえんでみる）。同じように、**一見、標準的な優等生タイプの動詞でも、陰にはいろんな顔があったりする**わけです。

要するに、この **know** のような「後ろにいきなり名詞を続けてイイ」動詞の多くは、**know him** のように直後にいきなり名詞を続ける以外にも、**know**

about him のように、前置詞を挟んで名詞を続ける使い方ができるんですね。
つまり、**他動詞の多くは、自動詞としての顔ももっているんです！！**

でも、そんなことを言うと、
「えっ……、動詞の後ろに前置詞を入れても、入れなくても、どっちでもいいなら、そんな区別なんて、意味ないじゃん！！」
というお叱りの声が聞こえてきそうですね。

そうなんです。
実際、たいていの場合はその通りで、あまり気にしなくてもいいのです。その証拠に、**1**と**2**の英文と日本語訳を見比べてみても、

1. I know him.　→ボクは彼を知っている。
2. I know about him.　→ボクは彼について知っている。

といった感じで、内容的にほとんど差はなかったりします。

でも、大切なのはココから！！

Q どっちが自然な言い方でしょう？

1. その問題（the matter）について話し合う
→ discuss the matter / discuss about the matter
2. ホテルに着く→ arrive a hotel / arrive at a hotel
3. 彼女を待つ→ wait her / wait for her

1は、**discuss the matter** が正解。日本語では**「ボクたちはその問題について話し合う」**という言い方ができますが、英語では、**discuss about ...** のように **discuss の後ろに前置詞（about）を入れることはできません。**

2については、**arrive at a hotel** の方が正解。**arrive は後ろに直接、名詞**

を続けることができない（必ず前置詞が必要な）動詞です。

一方、**3**については、「どちらも可能だけど、どちらをよく使うかと言えば、圧倒的に wait for her の方をよく使う！」というのが現実です。

さて、ココから何が言えるかというと……、

重要

★動詞の中には、直後に必ず名詞を続けなければいけない（絶対に他動詞としてしか使えない）動詞がある！
例：enjoy ...（…を楽しむ）、discuss ...（…を論じる）、
reject ...（…を拒絶する）など

★また、後ろに名詞をつなげたいのなら、必ず接着剤に当たる前置詞が必要な（絶対に自動詞としてしか使えない）動詞もある！
例：arrive at / in ...（…に到着する）、
belong to ...（…に所属する）、depend on ...（…に頼る）、
listen to ...（…を聞く）など

★中には、直後に名詞を続けることができないわけではないが、まず間違いなく前置詞を挟んで名詞をつなげるカタチで使う（他動詞として使うことも可能だが、普通は自動詞として使う）動詞もある！
例：go to ...（…へ行く）、come to ...（…に来る）、
live in ...（…に住んでいる）、look at ...（…を見る）、
wait for ...（…を待つ）など

ということです。さらに「他動詞と自動詞の両方の使い方があるが、どちらを使うかで意味が変わる動詞」もあったりするのですが、話がややこしくなるので、この辺でやめときます。
で、何が言いたいかというと、結局、動詞の後ろに名詞と前置詞のどちら

かが続くかは、動詞によっていろいろってことなんですよ。

「……英語ってよくわからない言葉だなぁ」
と思うかもしれませんが、英語では動詞ごとに、
「何が何でも、前置詞ナシで、いきなり名詞（目的語）を続けないといけない」
「前置詞がないと、後ろに名詞を続けられない」
「前置詞を入れても入れなくても、どっちでもいい」
というルールが細かく決められている以上、英語を使うときにはそのルールに従わなければいけません。

つまり、たとえ日本語で「ボクたちは話し合う」「ボクたちは楽しむ」のように言えるとしても、英語では、
「discuss / enjoy は他動詞としての使い方しかできない！」
というルールがある以上、We discuss. / We enjoy. だけで英語の文を終えることは許されないのです。こうした動詞を使うときには、「discuss the matter（その問題を話し合う）」とか「enjoy the party（パーティーを楽しむ）」とかいう具合に、必ず後ろに名詞（目的語）を続けなければいけないのです。

英語には英語のルールがあります！

そして、そのことを認めずに、日本語の感覚で英語を使おうとする限り、いつまで経っても英語が苦手なままだと断言できます。

自動詞と他動詞の見分け方

「英語って、日本語との違い多すぎ！」
とか、
「自動詞とか他動詞とか、覚えること多すぎ！」
とか、そろそろイヤになってくる人も出てきたんじゃないかと思います。

まぁでも、前者に関しては、**英語もやっぱり外国語**ですから。違いがあるのは、当たり前と言えば、当たり前。でも、**違いがあるということを認識することが何より大切な第一歩**。そして、**どこが同じでどこが違うかをしっかり理解する**ことで、英語の力はググッと伸びます。これはホント。

一方、後者については簡単な解決策がないわけではありません。
つまり、あるんですね。日本人にとって特に厄介な「**自動詞と他動詞**（つまり、後ろに名詞を続けるのに前置詞が必要な動詞か、必要のない動詞か）**を簡単に見極める基準**」というヤツが。次の通り。

重要

★自動詞（前置詞が必要）……主に「主語が…する」というだけで動作が完結する動詞。「…を」という名詞がなくても、意味が中途半端にならない動詞

★他動詞（前置詞が不要）……主に「ほかのものをどうこうする」といった意味の動詞

ただし、これはあくまでも「**大まかな基準**」にすぎません。
日本人が、英語の動詞について、それが**自動詞**か**他動詞**なのかを完全に見分けることは不可能なのです。
だから、結局はひとつひとつ覚えていくしかありません。（T_T）

それからもうひとつイヤな話。

前置詞がないと後ろに名詞を続けられない自動詞タイプは、

arrive at / in ...（…に到着する）、belong to ...（…に所属する）、depend on ...（…に頼る）

のように、**動詞によって、相性のいい前置詞もそれぞれ**だったりします。
「日本語は全部『に』でいいのに、英語ってヤツは～！！」
とまたまた憤る人が出てきそうですが、何度も言っている通り、動詞の中で最も「**標準的！**」なタイプは、**後ろに名詞がひとつ続く他動詞**タイプ。**直後に前置詞が必要な自動詞**タイプは「**あくまでも個性派！**」です。

だから、「**自動詞としてしか使えない**」とか「**自動詞として使う方が自然**」とかそういう少数派の個性派動詞を地道にひとつひとつ一緒に使う前置詞とセットで覚えていくことが、結局は自動詞／他動詞を使い分けられるようになるための一番の近道。残った動詞はすべて他動詞として前置詞ナシで使っておけばいいわけです。

……さて、ココまで一般動詞に関して「**その後ろにどういうカタチが続くか？**」ということを考えてきました。
英語の動詞にはもうひとつ、「**be 動詞！**」っていう一大勢力がありましたね。その be 動詞の後ろに何が続くかですか……こちらは一般動詞とはちょっとシステムが異なるので、次の「**STEP 4**」でじっくり解説しましょう。

「ふくしゅう」宿屋……3泊目

「**動詞の後ろに何が続くか**」は英語の仕組みを理解する上で、最も重要なポイントのひとつであり、かつ本書のメインテーマのひとつでもあります。今回の「**ふくしゅう宿屋**」では、「**一般動詞の後ろに何が続くか**」というポイントをしっかりマスターしてください。

Q 日本語の内容に合う英文を書きましょう。

1. ボクは毎晩（every night）ワインを飲みます。
2. キョウコは毎日（every day）彼の写真を見ます。

今回から趣向を変えて、各「**STEP**」の内容をサラッとおさらいしていくことにしましょう。

英語のカタチはどう決まる？（一般動詞編）

そのゼロ（大前提）：**英語の文の基本のカタチは「主語＋動詞」**

例：**We play .... / I listen ....**

その1：**動詞から後ろのカタチは、どのような動詞を使ったかで決まる。**

⇒一般動詞の中では、後ろに「…を」に当たる名詞（**目的語**）がひとつだけ続く動詞（**他動詞**）が最も標準的。

例：**We play tennis.**

⇒ただし、中には、前置詞を使わないと名詞を続けることができない個性派の一般動詞（**自動詞**）もある。

例：**I listen to music.**

その2：**「後ろに名詞が１個」という標準的なタイプの動詞（他動詞）の**

多くは、前置詞を挟んでから名詞を続ける（自動詞として使う）こともできる。ただし、普通は他動詞として使っておけば問題ない。

例：I know him.
I know about him.

その3：自動詞、他動詞のどちらかとしてしか使えない、あるいは使わない方が普通という動詞もある。こういう動詞には要注意！！

重要

★要注意自動詞（前置詞と一緒に使うのが普通の動詞）一覧
arrive at / in ...（…に到着する）、belong to ...（…に所属する）、come to ...（…に来る）、depend on ...（…に頼る）、go to ...（…へ行く）、listen to ...（…を聞く）、live in ...（…に住んでいる）、look at ...（…を見る）、wait for ...（…を待つ）など

★要注意他動詞（直後に必ず名詞を続けなければいけない動詞）一覧
enjoy ...（…を楽しむ）、discuss ...（…を論じる）、reject ...（…を拒絶する）など

さて、「**STEP 3**」のおさらいポイントをアタマに叩き込んだ上で、満足のいく英文ができあがったら、答え合わせへ。

解答と解説

1. ボクは毎晩ワインを飲みます。
→ I drink wine every night.

「**…を飲む**」という意味を表すのは **drink** という一般動詞。要注意自動詞のリストになかったことからもわかる通り、コレは**後ろに「…を」に当たる名詞（目的語）を直接続けてイイ**標準的なタイプの動詞（つまり他動詞）。し

たがって、drink の後ろには、「**ワイン（wine）**」という名詞が前置詞ナシで入ります。残った「毎晩」を意味する every night の位置は必然的に文の終わりになります。

2. キョウコは毎日彼の写真を見ます。
→ Kyoko looks at his picture every day.

「**見る**」という意味を表すのは、look という一般動詞（see は「見えている」）ですが、コレは要注意自動詞の一覧からもわかる通り、**後ろに直接名詞を続けることができない**個性派タイプの動詞（自動詞）。だから、「**…を見る**」というときには、**名詞を続ける接着剤として前置詞が必要**（ココでは相性から **at**）。**1** の「毎晩（every night）」によく似た、「毎日（every day）」という表現は、やはり文末に入れておけばOKです。なお、主語が Kyoko なので、動詞（look）に -s をつけるのを忘れないでください。

Q 次の日本語の文の内容と、それに対する英語の文について、英文が正しければ○をつけ、間違っていれば正しい文に訂正しましょう。

1. たくさんの（a lot of）鳥がその森に住んでいる。
A lot of bird woods live.
2. 彼らは本を読みません。
Their are read not books.
3. 彼女はお母さんに似ている（resemble）。
She resembles to her mother.

解答と解説

1. たくさんの鳥がその森に住んでいる。
× A lot of bird woods live.

→ ○ A lot of birds live in the woods.

主語は「**たくさんの鳥**」ですが「**たくさんの…**」は、ヒントの通り、**a lot of ...** というカタチを使えばOK。a lot of の代わりに **many** という語も使えますが、いずれにしても、たくさんいるわけだから、bird は**複数形の birds**にしないとダメ。「**住んでいる**」は一般動詞の **live** で表しますが、英文を見ると位置が変ですね。主語(a lot of birds)と動詞(live)の間になぜか **woods(森)**という名詞が割り込んでいます。英語の基本のカタチの通り、**〈主語+動詞(+その他)〉**という語順に直すこと。
さて、「**STEP 3**」のポイントに関わってくるのはココから。**live** は要注意自動詞の一覧からもわかる通り、**後ろに直接名詞を続けることができない動詞(自動詞)**です。**後ろに名詞をつなげるためには前置詞**(ココでは **in**)**が必要**。日本語の文は「森」を「**その森**」と特定しているので、woods の前に冠詞の the を置いて、**live in the woods** とすれば正解。

2. 彼らは本を読みません。

× Their are read not books.

→ ○ They don't read books.

「**読む**」は **read** という一般動詞で表します。日本語の文を見ると、これが「**読みません**」という否定のカタチになっているのですが、英文を見ると……、なぜか be 動詞(are)が入っていますね。一般動詞を使う英文に be 動詞は不要だから、まずこれを削除。次に一般動詞を使う否定文では、**〈do / does + not〉**というカタチが主語と動詞(read)の間に入るわけですが……、何だか元の英文は主語も変ですね。**their** は、**their books(彼らの本)**のように**名詞の前につけて使うカタチ**であって、**主語として「彼らは」という意味で使うのは they というカタチ**です。そして、主語が they の場合、一般動詞の否定のカタチは do not [don't] となります。
最後に、read は**後ろに「…を」に当たる名詞を直接続けてイイ**標準的なタイプの動詞なので、books(本)を read の後ろに入れればOKです。

3. 彼女はお母さんに似ている（resemble）。

× She resembles to her mother.

→ ○ She resembles her mother.

最初に言っときます。この問題は**よくある引っかけ問題**。

ポイントは「**似ている**」を意味する **resemble** という動詞です。一覧にはありませんでしたが、実は resemble は「**要注意他動詞**」のひとつ。つまり、元の英文のように前置詞を入れちゃダメ。**直後に必ず名詞を続けなければいけない動詞**なんです。ところが、なぜか日本人は resemble の後ろにうっかり前置詞の to を入れてしまう人が多いんですね。新しい一般動詞と出合ったら、自動詞／他動詞の区別に必ず注意するようにしてください。

STEP 4

動詞が英文のカタチを決める！（be動詞編）

be 動詞の後ろには何が続く？

まずはちょっと復習から。

英語では、一般動詞を使わない文には、必ず代わりに「**be 動詞！**」を使います。be 動詞とは、「**英語では文の結論を示すために何が何でも動詞と名がつくものが必要**」という英語のルールを守るため（だけ）に文の中に入れるもので、「実質的な意味はないけど、分類は動詞」という不思議な存在です。

「**日本人は米を食べる**」
のような「文の結論（文の終わりに入る内容）」を動詞で表す日本語の文を英語にする場合、その動詞を英語の一般動詞に置き換えるだけでOKでしたよね。
でも、
「**彼は先生だ／彼は背が高い**」
のような「文の結論」を動詞以外の言葉で表す日本語の文を英語にする場合、英語では必ず be 動詞をプラスしてやる必要があります。そして、「動詞以外の日本語の文の結論」は、
He is a teacher. / He is tall.
といった具合に、be 動詞の後ろに入ります。つまり、**be 動詞の後ろに続く言葉**とは、「**一般動詞では表せない日本語の文の結論**」なんですね。

ここからは「**be 動詞の後ろにどんな言葉のグループ（品詞）が続くのか？**」を具体的に見ていきます。ここで初登場となる新しい品詞もありますが、そうした品詞については、この先でも、じっくり解説するので、とりあえずここでは、「**へ～、こんな言葉が続くのかぁ**」と軽い気持ちで読み流してもらってもかまいません。焦らず、じっくりいきましょう。

be 動詞の後ろに続くもの その1：名詞・形容詞

be 動詞の後ろに続くものの「その1」は名詞・形容詞。次のような感じです。

1. His sister is a teacher.（あいつ［彼］の姉さんは先生だ。）
2. I am tall.（ボクは背が高い。）

1では **a teacher** という名詞、**2**では **tall** という**形容詞**が be 動詞の後ろに続いています。

主語 が be 動詞の後ろに続く名詞・形容詞 だ

といった具合に、be 動詞の後ろに続く名詞・形容詞が、日本語の文の結論になっていること、一方、be 動詞の方はほとんど「**意味らしい意味がない……（カタチだけ動詞）**」ということが、日本語訳からもわかりますよね。

ちなみに、be 動詞の後ろに入って、文の結論を表す語のことを、高校以上で習う文法用語では「**補語！**」と呼んだりします。
名前はちょっとヤな感じですが、難しく考える必要はまったくナシ。
be 動詞を使う文の主語と補語の関係を数式のように表すなら、

1. His sister is a teacher.
　→ His sister（彼の姉さん）＝ a teacher（先生）
2. I am tall.
　→ I（私）＝ tall（背が高い）

のように、be 動詞を挟んで、**左側（主語）と右側（補語）でイコールの関係が成り立つ**感じになります。逆に言えば、be 動詞の後ろの語が、be 動詞を中心にして「**左側＝右側**」という関係が成り立ちそうなら、それは補語だということです。その程度に考えておけばOK。

ココでちょっと練習してみましょう。

Q 次の日本語の文を英語に直してみましょう。

イチローは、毎日、忙しいんだ。

手順としては次のような感じ。

① 日本語では文末に入る内容が、文の結論に当たるのが普通。
② 結論に当たる内容を英語の一般動詞で表せない場合は、be 動詞を使う。
③ その場合、日本語の文の結論に当たる内容は、be 動詞の後ろに続ける。
④ 完成した英文を見て、be 動詞を挟んで「左側（主語）＝右側（補語）」という関係が成り立つ感じがすればOK！

この問題の場合は、文の結論が一般動詞ではなく「**忙しい**」という意味の形容詞 **busy** になるので、これを be 動詞の後ろに入れて、

Ichiro is busy every day.

とすれば正解。ちゃんと be 動詞を挟んで「**Ichiro（イチロー）＝ busy（忙しい）**」という「**左側（主語）＝右側（補語）**」の関係も成り立っていますよね。
ちなみに「**Ichiro（イチロー）＝ every day（毎日）**」の関係が成り立たないので、**Ichiro is every day busy.** みたいなカタチは**×（バツ）**です。

さて、この２つ（名詞と形容詞）に関しては、それほど難しくなかったと思います。名詞は主語としてこれまでに何度も登場していますし、be 動詞の後ろに形容詞が入るパターンも今までに何度も出ていますから。
話がちょっとややこしくなってくるのはココから。実は、
「**〈形容詞＋名詞〉が文の結論として be 動詞の後ろ（補語の位置）に入る！**」

パターンもあるのです。

「……**形容詞＋名詞？？**」
という人のために、まずココであらためて、「**形容詞！**」について詳しく説明しておきましょう。形容詞とは、

nice（ステキな、優しい）、cute（かわいい）、big（大きい、大きな）

のような「**ものがどんな感じ・状態なのかを表す言葉**」のことです。もっとはっきり言ってしまえば、「**名詞を説明する言葉**」ですね。
ココまでは、

The girl is cute.（その女のコはかわいい。）

のように〈**主語＋ be 動詞＋形容詞**〉というカタチで、**be 動詞の後ろにある形容詞が、主語に当たる名詞がどんな様子なのかを説明する使い方**を見てきました。しかし、**形容詞がもっとダイレクトに名詞を説明する方法**があるのです！　次のような感じ。

a cute girl（かわいい女の子）

随分ともったいつけた割に、「……**それだけ？**」と拍子抜けしそうなくらい簡単なカタチですが、要は、
「**名詞の前に入った形容詞は、その後ろの名詞を説明する！**」
ということです。

ちなみに、**形容詞が後ろの名詞を説明する場合**、形容詞はあくまでも後ろに続く名詞が「どんな名詞か」を補足説明する役割で、**話の重点は後ろの名詞の方にあります**。簡単に言うと、

a nice country（ステキな国）、the cute girl（そのかわいい女の子）、the big dog（その大きな犬）

のような〈(a や the ＋) 形容詞＋名詞〉のカタチは、「形容詞がくっついてるけど、あくまでも文の中では大きなひとつの名詞として扱う」ということです。つまり、形容詞は名詞にくっついた単なるおまけ扱い。
ですから、the cute girl や the big dog のような〈(a や the ＋) 形容詞＋名詞〉のカタチは、１セットで、

The cute girl is Miyu.（そのかわいい女の子がミユだ。）

のように「主語の位置」に入れることもできるし、

Ichiro loves the cute girl.
（イチローはそのかわいい女の子を愛している。）

のように一般動詞の直後の「目的語の位置」にも入れることができるし、

The cute girl likes the big dog.
（そのかわいい女の子はその大きな犬が好きだ。）

のように、その気になれば、「主語の位置」と「目的語の位置」の両方に入れることだってできるのです。とにかく、名詞を入れることができる場所ならどこへでも、この〈(a や the ＋) 形容詞＋名詞〉の１セットをそのまますっぽり入れることができるということですね。

ということは「もちろん！」、

Miyu is the girl.（ミユはその女のコだ。）

のように名詞を入れることができる be 動詞の後ろの「補語の位置」にも、

Miyu is the cute girl.（ミユはそのかわいい女のコだ。）

のような〈(a や the ＋) 形容詞＋名詞〉の 1 セットを同じように入れることができるという話になります。

つまり、be 動詞の後ろに名詞・形容詞が続くカタチには、

Miyu is the girl.（ミユはその女のコだ。） →名詞だけが続くパターン
Miyu is cute.（ミユはかわいい。） →形容詞だけが続くパターン
Miyu is the cute girl.（ミユはそのかわいい女のコだ。）
→〈(a や the ＋) 形容詞＋名詞〉が続くパターン

の 3 パターンがあるということです。

be 動詞の後ろに続くもの　その 2：前置詞＋名詞

Q 次の英文を日本語に直してみてください。

Our treasure is this garden.

treasure（宝物、大切なもの）という単語がちょっと難しかったかもしれませんが、英文のカタチそのものは問題ないと思います。これは前回出てきた be 動詞の後ろに名詞が続くカタチですよね。ですから、be 動詞の後ろの **this garden（この庭）**を文の結論っぽく訳して、
「私たちの宝物はこの庭だ」
とすれば正解。続いて第 2 問。

Q 次の英文を日本語に直してみてください。

Our treasure is in this garden.

先ほどの英文とそっくりですが……、こっちは **be 動詞の後ろに「前置詞！（ここでは in）」が入っています！** つまり、be 動詞の後ろには、このような**〈前置詞＋名詞〉**の組み合わせも入れることができるんですねぇ。

「新パターン登場！」ということになりますが、考え方そのものは今までと同じ。つまり、**be 動詞の後ろの言葉が文の結論になる**ように訳せばOKです。**in ... は「…の中」という意味の前置詞**なので、be 動詞の後ろの **in this garden（この庭の中）**という部分を文の結論っぽく訳して、
「私たちの宝物はこの庭の中だ」
とすれば正解。コレでも間違いではありませんが、少し手を加えて、
「私たちの宝物はこの庭の中にある」
のように**「いる、ある（存在している）」**という意味に直してやると、日本

語訳としてより自然な感じになりますね。実は、

重要

★be 動詞の後ろに〈前置詞＋名詞〉が続く場合、be 動詞は「いる、ある（存在している）」という意味になることが多い！

★逆に日本語で「いる、ある（存在している）」という内容なら、英語では〈be 動詞＋前置詞＋場所を表す名詞〉というカタチ！

という傾向があったりします。覚えておくと、きっと便利。

さて、これで「めでたし・めでたし♪」といきたいところですが、
「チョット待ったァ！！　そもそも前置詞って何やねん？！」
という人もいたりするんじゃないかと思います。

今まで一般動詞に続くものの説明の中で、
「後ろに直接、名詞を続けることができない動詞（自動詞）は、必ず接着剤に当たる前置詞を間に置いて、後ろに名詞を続けなければならない」
とか、さらっと説明していましたが、実は**英文の中で、名詞を入れることができる場所**というのは、基本的に、

① 主語（主に「…は（が）」に当たる名詞）の位置
② 目的語（主に「…を（に）」に当たる名詞）の位置
③ 補語（主に be 動詞の後ろで文の結論を表す名詞）の位置

の 3 パターンだけなんです。そして、

英文中の主語、目的語、補語以外の位置に、さらに名詞を続けようと思ったら、必ず接着剤代わりの前置詞が必要！

になります。

「でも、be 動詞の後ろの補語の位置には普通に名詞を入れることもできるでしょ？　何で接着剤に当たる前置詞をわざわざ間に挟む必要があるわけ？」

と、この辺で不思議に思った人はいないでしょうか？
実は前置詞には、いろいろな種類があって、その意味やニュアンスもさまざまです。イメージとしては**何と何をどうくっつけるかで接着剤（＝前置詞）を使い分ける**感じ。
しかし、be 動詞の後ろに**〈前置詞＋名詞〉**が入る場合には、接着剤としての役割よりも、前置詞のもつ意味の方が頼りにされる感じになります。

というのも、be 動詞とは本来「**カタチだけ動詞**」で、それ自体は特に意味をもたない動詞ですよね。でも、接着剤に当たる前置詞と be 動詞がコンビを組むことで、主語と be 動詞の後ろに入る名詞の多様な関係を表せるようになります。be 動詞が「**いる、ある（存在している）**」みたいな意味を表せるのも、前置詞の助けがあってこそ。**前置詞を間に置くことで、be 動詞の意味が広がる**のです。

しかし！　そんな便利な前置詞にも、非常にややこしいところがあったりするのです。ここでちょっと問題を解いてもらいましょう。

Q　次の日本語の文を英語に直してみましょう。

1. 私のおじさんは山口にいる。
2. ボクは家にいる。

どちらも「…**にいる**」という存在を表す文なので、英語では**〈be 動詞＋前置詞＋名詞〉**の組み合わせで表すというところまでは問題ないと思います。
でも、問題は前置詞の使い分け。日本語では、どちらも同じ「…**にいる**」で

すが、これを英語で表すと……、

1. My uncle is in Yamaguchi.
2. I'm at home.

のように、**in と at というふたつの前置詞の使い分けが必要**になります。
このように前置詞には、微妙なニュアンスの違いがあって、状況に応じて、それぞれを使い分けなければならないのです。

では、代表的な前置詞の意味の違いを具体的に見ていきましょう！

……と先に進む前に**チョット注意**。よほど、気力と体力が有り余っている人以外は、間違っても、この先の前置詞のリストをいきなり「**全部、覚えてやろう！**」とか思わないでください。というのも、何度も言うように、**前置詞のニュアンスの違いは、日本人にとってはかなり微妙**なんです。さらに、**数も多い**。
はっきり言って、いきなり全部、覚えようとしたら、ゼッタイ挫折します。
そして、確実に英語がもっとキライになれます。

だから、まずは、「**あっ、こういうのもあるのね**」と眺める程度で。
そして、これから先、前置詞が出てくる度に、次のページの一覧に戻って、そのイメージを確かめる感じで。
それくらいの気持ちでOK。
前置詞って英文にいろいろと触れるうちに、段々となじんでいくものですから。**焦る必要はまったくナシ！**
……と、心構えができたところで、ドウゾ。

重要

★代表的な前置詞一覧！

●at ... →「(比較的狭い場所、範囲の前につけて)…で、…に」、「(時刻の前につけて)…時に」など、「点」を指すイメージ

例：The train arrives at the station at ten every morning.
(その電車はその駅に、毎朝、10時に着く。)

●in ... →「(比較的広い場所、範囲の前につけて)…で、…に」、「(季節や月の前につけて)…に」など、何かに囲まれて限定されているイメージ

例：They are in Japan in (the) summer.
(彼らは、夏(には)、日本にいる。)

●about ... →「…について、…に関して」、「およそ…、約…」

●with ... →「…(道具)で、…を使って」、「…と(一緒に)、…がセットになっている、…付きの」

●on ... →「…の上に、…に」のような何かにくっついている感じ(上に限らず天井や壁などでもくっついていれば on を用いる)、on Sunday(日曜日に)のように、「曜日や、特定の日時」を表すときにも使う

例：My book is on the desk.(私の本が机(の上)にある。)

●under ... →「…の下に」のように、何かが位置的に下の方にあるイメージ

例：My cat is under the table.(私のネコは机の下にいます。)

●to ... →「…へ、…に向かって」のように、方向や到達点を示すイメージ

例：She goes to school on Sundays.
(彼女は日曜日に学校に行く。)

●for ... →「…のために」のような目標、「…へ向かって」のような方向、「…の間」のような時間、期間などを表すイメージ

例：This is a present for you.
（これはあなたのためのプレゼントです。）

●of ... →基本的には所有、所属、部分、原因・理由などを表し、日本語では「…の」という訳になることが多い。が、はっきり言って、イメージが多様すぎて日本人には特にわかりにくい前置詞

例：Ichiro knows the owner of the shop.
（イチローはその店のオーナーを知っている。）

●from ... →「…から」のように、出発点や出身、起源などを表すイメージ

例：Maki comes from Saitama.
（マキは埼玉から来ています。→マキは埼玉出身です。）

●by ... →「…の近くに、…のそばに、…のそばを通って」のような近接、「…によって、…で」のような手段や方法、動作主、あるいは「…までに」のような時間などの期限を表すイメージ

例：He goes to the store by midnight by car every day.
（彼は毎日、真夜中までに、車でその店に行く。）

●near ... →「…の近くに、…の近くの」

例：She has a cabin near a lake.
（彼女は湖の近くに別荘をもっています。）

●after ... →「…のあとで」

●before ... →「…の前に」

いかがだったでしょうか？

「前置詞の数、多すぎ」
「ひとつの前置詞にいろいろな意味がありすぎ」
「似たようなイメージの前置詞が多すぎ」

など言いたいことは山ほどあると思います。でも、何度も言いますが、いきなり全部、**覚えようと焦る必要はまったくありません。**

前置詞は、何と何をどういうふうにくっつけるか（くっつける言葉がどういう関係にあるか）に合わせて、使い分ける必要があるわけですが、「**こういう場合にはこの前置詞！**」みたいに決まっているものも多いです。
例えば、「**この動詞に名詞をくっつけるなら、この前置詞を使う**」みたいな感じ。要は「**前置詞とその前後の言葉には相性がある**」ということです。
そういう感覚は、いろいろな英文を見たり、聞いたりするうちに自然に身につきます。というか、**前置詞の使い分けの感覚は、日本語の感覚とはまったく異なる**ので、それ以外に身につける方法はないんです。

焦らず、ゆっくり前置詞の感覚を身につけていってください。

be 動詞の後ろに続くもの　その 3 ：副詞

Q 次の日本語の文を英語に直してみましょう。

彼らはそこに（there）います。

答えは、

They are there.

となります。でも、中には、

「『いる、ある（存在している）』という意味は、〈be 動詞＋前置詞＋名詞〉の組み合わせで表すんでしょ？　だったら正解は、
They are in there.
じゃないの？？」

と考えた人もいるのでは？
この考え方そのものは間違ってません。むしろ、こう考えた人は今までの内容をよく理解している人。にもかかわらず、
×　**They are in there.**
となるのは、ここで新しく登場した **there** という単語のせいなんです。
さて、ここで質問。

there の品詞は何でしょう？

「場所を指す名詞？」

……じゃないのです！
実は、この **there**、今回初登場となる「**副詞！**」という新しい品詞。その一

番の特徴は、次の通りです。

副詞は、その語だけを単独で、好き勝手に文の中に入れてイイ！
（接着剤に当たる前置詞を使わずに、文の中に入れることができる）

だから、

They are there.

のように、前置詞を使わずたった一語で文の中に入れても問題なし。逆に、

× **They are in there.**

のように、there の前に前置詞の in を置いたら、間違いになります。
副詞の前に前置詞を入れてはダメ！

というのも、there という副詞の場合、「**there = in the place（その場所に→そこに）**」という〈**前置詞＋場所を表す名詞**〉的な役割をたった一語で果たす感じなんですね（ちなみに「**ここに**」は **here**）。
だから、**副詞の前にあえて前置詞を置く必要はない**し、〈**be 動詞＋ there のような場所を表す副詞**〉は、〈**be 動詞＋前置詞＋場所を表す名詞**〉と同じような「**いる、ある、存在する**」という意味も表せます。

要は、本来なら前置詞や名詞なんかを組み合わせて表すようなややこしい内容も、**副詞を使えば、たった一語で済ませる**ことができるということです。
はっきり言って、「**とってもラク！**」……な「はず」なんですが、現実にはそうでもなかったりします。なぜかというと、

「**英語の副詞には、日本人の感覚だと名詞のように思える（名詞としか思えない）ものが多い！**」

のです。ここまでに、**英語の自動詞と他動詞の区別**とか、**英語の前置詞の使い分け**とか、日本人にはよくわからない日本語と英語の違いを紹介してきましたが、副詞と名詞の区別もそのひとつ。
「日本語の感覚では名詞っぽくても、英語の品詞の分類上は名詞ではなく副詞！」という厄介さのせいで、
「果たして、これは〈前置詞＋名詞〉で表してよいものか、それとも前置詞ナシで副詞として扱うべきか？」
非常に頭が痛かったりするのです。

とはいえ、この辺の詳しい副詞の種類とその対策については、またあとで（p.130～）詳しく説明するのでお楽しみに。ココではとりあえず、

① **be 動詞の後ろには「副詞！」という品詞も続けられる**
② **be 動詞の後ろに副詞が続く場合、前置詞は不要**
③ **場所を表す副詞の代表格として、here（ここに／で）と there（そこに／で）の 2 つがある**

という 3 点だけ覚えておけば、OKです。

be 動詞の後ろに続くもの　その 4：形容詞＋前置詞＋名詞

「**be 動詞の後ろに続くもの**」の最後は、今までの総集編的なシロモノ。まずは今までの復習から。

> **Q** 次の日本語の文を英語に直してみましょう。
>
> その男の子は優しい。

〈主語＋ be 動詞＋形容詞〉のカタチにして、

The boy is kind.

とすれば正解。ココまでは問題ないですよね。では、次の問題。

> **Q** 次の日本語の文を英語に直してみましょう。
>
> その男の子は私に優しい。

うっかり、

× **The boy is kind me.**

と「**やってしまった**」人はいないでしょうか？
ポイントは「**私に**」を意味する **me** の扱い方。
ここで思い出してほしいのが、

「**英文中の主語、目的語、補語以外の位置に名詞をさらに続けようと思ったら、必ず接着剤代わりの前置詞が必要！**」

というp.87でご紹介した「**お約束！**」です。

× **The boy is kind me.**

の **me はこの文の「主語」でしょうか？**
違いますよね。**主語は The boy（その男の子は）です。**

では、**me はこの文の「目的語」でしょうか？**
やはり違いますよね。目的語とは一般動詞の後ろに前置詞ナシで続く名詞のはずです。この文は be 動詞を使う文なので、**目的語があるはずがない！**

では、**me はこの文の「補語」でしょうか？**
p.81で述べたように、be 動詞を使う文の主語と補語の関係は、「主語＝補語」となるはず。「The boy（その少年）= me（私）」の関係は、**どう考えても成り立ちません！**

……つまり、この **me（私に）は主語でも、補語でも、目的語でもない！**
だから、この **me みたいな（代）名詞を文の中に入れようと思ったら、接着剤代わりの前置詞が必要**なんですね。したがって、正解は、

○ **The boy is kind to me.**

となります。つまり、**〈主語＋ be 動詞＋形容詞〉**という be 動詞の後ろに形容詞が続くカタチには、**形容詞のさらにその後ろに〈前置詞＋名詞〉が続くパターンもアリ**ということです。be 動詞の後ろに形容詞が続くカタチに、さらに名詞を続けようと思ったら、接着剤に当たる前置詞が必要なのです。

「えー、でも前置詞って、確か使い分けがメンドくさかったような……」
という人もいるでしょう。実は、**「この形容詞を使うなら、この前置詞！」**といった具合に、**形容詞ごとに相性のいい前置詞が決まっている**パターンも多かったりします。この辺は、

get to ... →「…に着く」
arrive at / in ... →「…に着く」

といった具合に、意味は同じ（どちらも「…に着く」）なのに、なぜか一緒に使う前置詞は違ったりする**自動詞**（後ろに名詞を続けるには必ず接着剤に当たる前置詞が必要な動詞）**と前置詞の相性**によく似た感じです。

中には、日本人の感覚だと「**なぜ？**」と思わず不思議になるような形容詞と前置詞の組み合わせ、**〈be 動詞＋形容詞＋前置詞〉が 1 セット感覚で特別な意味を表す**（日本語では動作の感覚なのに、英語では形容詞を使って表す）ものもたくさんあります。この辺りは、理屈抜きでひとつひとつ地道に暗記していくのがおすすめです。

重要

★特殊な意味を表す〈be 動詞＋形容詞＋前置詞〉の組み合わせ一覧

＊以下、**be** 動詞を「**be**」と省略して表記。

- **be late for ...**（…に遅れている、…に遅刻する）
- **be good at ...**（…が得意である、…がうまい）
- **be bad / poor at ...**（…が下手だ）
- **be famous for ...**（…で有名である）
- **be full of ...**（…でいっぱいである、…で溢れている）
- **be ready for ...**（…の準備ができている）
- **be happy about ...**（…に満足している）
- **be different from / to ...**（…と違う、…と異なっている）
- **be familiar with ...**（…をよく知っている）
- **be familiar to ...**（…によく知られている）

「ふくしゅう」宿屋……4泊目

「『**ふくしゅう**』**宿屋**」もいよいよ4泊目。後ろに続くのが、「**①名詞、②前置詞を挟んで名詞**」の2パターンしかなかった「**一般動詞！**」と違って、**be 動詞の後ろに続く品詞（言葉のグループ）は実にいろいろ**です。ココでは、どういう品詞が、どういう場合に be 動詞の後ろに続くかをしっかりマスターしてください。

Q 日本語の内容に合う英文を書きましょう。

1. 彼の父親は会社で人気がありません。
2. 3匹のネコがその古い本棚（bookshelf）のそばにいます。
3. ボクの帽子が壁にかかっている。
4. 彼らは毎週ここでテニスをします。
5. タカコはあの新しいパソコン（PC）で音楽を聴く。
6. この料理（food）は店先の見本（window sample）と違う。

ここで「**STEP 4**」の内容を簡単におさらい。ポイントをアタマに叩き込んだ上で、満足のいく英文ができあがったら、p.101の「**解答と解説**」へ。

be 動詞の後ろには何が続く？

そのゼロ（大前提）：be 動詞の後ろには、一般動詞では表せない日本語の文の結論に当たる内容が入る。つまり、be 動詞を使う英文は、〈主語＋ be 動詞＋一般動詞では表せない日本語の文の結論（＋その他）〉が、最も基本的なカタチになる。

その1：be 動詞の後ろには名詞・形容詞が入る。また、形容詞と名詞を組み合わせた〈(a や the ＋) 形容詞＋名詞〉というカタチを be 動詞の

後ろに続けることもできる。

例：Ronnie is a musician.（ロニーはミュージシャンだ。）
→名詞だけが続くパターン
Ronnie is great.（ロニーは素晴らしい。）
→形容詞だけが続くパターン
Ronnie is a great musician.
（ロニーは素晴らしいミュージシャンだ。）
→〈(a や the ＋) 形容詞＋名詞〉が続くパターン

⇒〈(a や the ＋) 形容詞＋名詞〉のカタチは、形容詞がくっついていても文の中では「大きなひとつの名詞扱い」で、be 動詞の後ろに限らず、「主語の位置」や「目的語の位置」など、名詞を入れることができる場所ならどこへでもすっぽり入れることができる。

その2：be 動詞の後ろには〈前置詞＋名詞〉というカタチを入れることもできる。その場合、「いる、ある（存在している）」という意味になることが多い。

例：His parents are in Yamaguchi.（彼の両親は山口にいる。）

⇒前置詞の本来の役割は、名詞を入れることができない場所（名詞を入れることができるのは、主語、目的語、補語の位置だけ）にさらに名詞を続けるための接着剤のようなもの。ただし、前置詞は種類が多く、ニュアンスの違いが微妙なものも多いので使い分けに注意（p.90を参照）。

その3：be 動詞の後ろには「副詞」という品詞を入れることもできる。場所を表す副詞を入れれば、前置詞ナシで「いる、ある（存在している）」という意味を表せる。

例：His parents are there.（彼の両親はそこにいる。）

⇒副詞は単独で（前置詞ナシで）好きに文の中に入れることができる。英語の副詞には日本人の感覚では名詞と区別が紛らわしいものが多いが、副詞の前にうっかり前置詞を入れると「間違い！」となるので要注意。

その4：be 動詞の後ろには〈形容詞＋前置詞＋名詞〉を入れることもできる。〈be 動詞＋形容詞＋前置詞〉の組み合わせが、ひとつの動詞のような特殊な意味を表すものも多いので要注意。

重要

●特殊な意味を表す〈be 動詞＋形容詞＋前置詞〉の例
be late for ...（…に遅刻する）、be good at ...（…が得意である）、be full of ...（…でいっぱいである）、be different from / to ...（…と違う）など

解答と解説

1. 彼の父親は会社で人気がありません。
→ His father isn't popular in the company.

「**人気がある**」を意味する **popular** は形容詞。つまり、**文の結論が形容詞（一般動詞は使わない）**なので、**be 動詞の後ろに形容詞が続くパターン**となります。それを「**人気がない**」と否定するカタチにすればOK（主語が his father なので be 動詞は is）。この問題文には、さらに「**会社で**」という内容も入っている点に注意。主語でも目的語でも補語でもない「**プラスアルファの名詞（ココでは「会社（the company）」）**」を続けたければ、接着剤代わりの前置詞が必要でしたよね。「**…の中で**」というニュアンスを表す前置詞は **in** です。よって、popular の後ろに、**in the company** という部分を足して、〈be 動詞＋形容詞＋前置詞＋名詞〉というカタチにすれば正解。

2. 3匹のネコがその古い本棚のそばにいます。
→ Three cats are by the old bookshelf.

文の主語は「**3匹のネコ（three cats）**」です。「**3匹**」なので、cat の後ろに複数形の **-s** がつく点に注意。この文の結論は「**（古い本棚のそばに）います**」という部分ですが、「いる、ある（存在している）」という意味は、

〈be 動詞＋前置詞＋名詞〉というカタチで表せるんでしたよね。ココでは、主語が複数なので、使う be 動詞は are、「**…のそばに**」という意味の前置詞は **by ...** となります。「**その古い本棚**」は、**the old bookshelf** と表せばOK。**〈(a や the ＋) 形容詞＋名詞〉**のカタチは、「**大きなひとつの名詞扱い**」で、**名詞を入れることができる場所ならどこへでも入れることができる**のでしたね。by のような前置詞の後ろだって、このカタチは入れられます。

3. ボクの帽子が壁にかかっている。

→ **My hat [cap] is on the wall.**

「**かかっている**」という動詞を必死に考えた人、いませんか？（「**かかったな**」とか言ってみたり）　この「**(壁に) かかっている**」という部分は、「**(壁にくっついた状態で) 存在する**」と読み換えて、英語に直すのがコツ。つまり、「**壁にかかっている**」という意味も**〈be 動詞＋前置詞＋名詞〉**で表せてしまうんです。ベンリでしょ？　問題は前置詞の使い分けですが、ココでは **on** を使います。**on ...** は「**…の上に、…に（くっついている）**」という意味が基本ですが、「**上に限らず天井や壁などでもくっついていれば on を用いる**」のでしたね（忘れた人はp.90をチェック）。ちなみに、英語では、麦わら帽子みたいなタイプを hat、野球の帽子みたいなタイプを cap と呼びますが、ココではどちらを使ってもかまいません。

4. 彼らは毎週ここでテニスをします。

→ **They play tennis here every week.**

この問題は be 動詞は必要ナシ。「**テニスをする**」は一般動詞の play を使って、play tennis と表せばOK。でも「ここで」ポイントになるのは「**ここで**」の方。「**be 動詞の後ろに続くもの　その 3**」で、**here（ここで）という場所を表す副詞**を紹介しましたが、この「**副詞！**」というヤツは、「**単独で（前置詞ナシで）好きに文の中に入れることができる**」のでしたね。この「**お約束！**」は be 動詞の後ろに限らず、**一般動詞を使う英文にも当てはま**

ります。よって、here を **play tennis here** といった具合に前置詞ナシで文の中に入れればOK。前置詞をつけたら**×（バツ）**です。ちなみにココまでに何度か登場している every week（毎週）みたいな表現も「時を表す副詞」だったりするのですが……それについてはまたのちほど。

5. タカコはあの新しいパソコンで音楽を聴く。

→ Takako listens to music with that new PC.

この問題も be 動詞は必要ナシ。「**（音楽を）聴く**」を表す **listen** という動詞は、後ろに前置詞（**to**）がないと名詞を続けることができない自動詞ってヤツだったのを覚えているでしょうか？　よって「音楽を聴く」の部分は、**listen to music** となります。主語が Takako なので、listen に -s をつけることをお忘れなく。

「**あの新しいパソコン**」は、**that new PC** という**〈形容詞＋名詞〉**の組み合わせで表し（PC は personal computer の略）、これを１セットで「**ひとつの名詞扱い**」します。そして、この that new computer という「大きな名詞」は……、文の中の主語でも、目的語でも、補語でもないですよね。ということは、これを文に入れようと思ったら、接着剤に当たる前置詞が必要。「**…（道具）で、…を使って**」という意味の前置詞は **with** です。

6. この料理は店先の見本と違う。

→ This food is different from the window sample.

「**…と違う**」という部分を見て、「**一般動詞で表すのと違う？**」とか思ってしまった人はいないでしょうか？　実はコレ、「**〈be 動詞＋形容詞＋前置詞〉が１セット感覚で特別な意味を表す**（日本語では動詞っぽいけど、英語では形容詞を使って表す）」パターンのひとつ（忘れた人はp.98をチェック）。一般動詞ではなく be 動詞と形容詞の different を使って、**be different from ...** とすれば、「**…と違う**」という意味になります。主語が「**この料理（this food）**」なので、be 動詞のカタチは **is** にすること。

STEP 5

動詞のカタチ（時制）と副詞

英語人はどうやって時間感覚を表現するか？

一言で「**テニスをする**」と言っても、日本語の場合、

ボクは、明日テニスをする。
ボクは、いつもテニスをする。
ボクは、今テニスをしている。
ボクは、テニスをした。
ボクは、そのときテニスをしていた。

のように、表現を微妙に変えることで、いろいろな時間の違いを表すことができます。

では、**英語では、このような時間の感覚を、どうやって表す？**

答えは、「**動詞の時制と時間を表す表現**」。
時制とは、動詞のカタチをあれこれといじって、「**いつの話なのか**」が相手にわかるようにすることです。皆さんの中には、動詞の「**現在形！**」とか「**過去形！**」といった呼び方を耳にしたことがある人も多いと思います。その現在形とか過去形とかいうヤツが、「**時制！**」です。
英語では、こうした時制に加えて、さらに**時間を表す表現をあれこれと加える**ことで細かい時間の感覚を表していくんですね。

ココでは、そうした時間感覚を表す基本的な動詞のカタチといろいろな表現、そして使用上の注意点（日本語と英語の時間感覚の違い）をご説明します。

一般動詞の過去形

「**過去形！**」とは、その名の通り「**過去のこと**」、つまり「**もう終わってしまったことや昔のこと**」について述べるときに使う動詞のカタチです。

すごく簡単に言うと、日本語で、
「**…した、…しました、…だった、…でした**」
のように、文の最後が「**…た**」というカタチになるような場合に、英語では**動詞の過去形**というカタチを使います。動詞の過去形が今までの動詞のカタチとどう違うかというと次の通り。

1. I play tennis every day.（ボクは毎日、テニスをする。）
→ I played tennis yesterday.（ボクは昨日、テニスをした。）
2. Tsutomu likes *shogi*.（ツトムは将棋が好きだ。）
→ Tsutomu liked *shogi*.（ツトムは将棋が好きだった。）

played、liked のように、**動詞の後ろに -ed や -d がくっついている**ことに気がついたでしょうか？　つまり、

（一般）動詞の後ろに -ed、-d をくっつけたカタチが（一般）動詞の過去形！

ということです。
2 の英文は、**likes** と **-s** が付いていましたが、過去形の方は**単に -d だけ**という点にも気づきましたか？
実は、英語の過去形には、「**主語が何であろうと、その動詞の後ろに -d か -ed をくっつければOK**（主語となる名詞の数・カタチに合わせて、動詞のカタチを変える必要がない）」という特典があったりします。
動詞のカタチに口うるさいパートナー、主語（となる名詞）も昔の話なら目をつぶってくれるみたいな感じです。

Q **次の英文を「過去のこと」を表す文に変えましょう。**

Satomi practices the piano.（サトミはピアノを練習する。）

「練習する」という意味を表す practice の後ろに -d をくっつけて、

Satomi practiced the piano.（サトミはピアノを練習しました。）

とすればOK。最初の英文にあった **practices** の **-s** が、過去形にするとなくなる点に注意。

なお、「**-d と -ed のどちらを動詞の後ろにくっつけるか**」は、動詞の語尾によって決まります。
基本は **-ed** ですが、**like** のように **-e で終わる動詞には -d だけ**をつけます。
また、**study** のように、「**子音（a、e、i、o、uの音以外）＋ y**」で終わるものには **y** を **i** に変えた上で **-ed** をつけます。つまり、

study（勉強する）→ studied（勉強した）、cry（泣く）→ cried（泣いた）、try（試みる）→ tried（試みた）

みたいな感じ。一方、「**母音（a、e、i、o、u）＋ y**」の場合は、
enjoy（楽しむ） → enjoyed（楽しんだ）
のように、そのまま -ed をつけるだけでOK。
このように、細かく見ていくと、**-(e)d** が後ろにつく過去形のカタチにも結構いろんなパターンがあるんですね。
さらに！　過去形が、後ろに -(e)d がつかない何だかよくわからない不思議なカタチになる動詞も意外に多かったりします。代表例は次の通り。

重要

★過去形が特殊なカタチになる動詞の例

- **go**(行く) → **went**(行った)
- **come**(来る) → **came**(来た)
- **have**(もっている) → **had**(もっていた)
- **see**(見る) → **saw**(見た)
- **find**(見つける) → **found**(見つけた)
- **think**(考える) → **thought**(考えた)
- **know**(知っている) → **knew**(知っていた)
- **feel**(感じる) → **felt**(感じた)
- **break**(壊す) → **broke**(壊した)
- **begin**(はじめる) → **began**(はじめた)
- **send**(送る) → **sent**(送った)
- **eat**(食べる) → **ate**(食べた)
- **make**(つくる) → **made**(つくった)
- **cut**(切る) → **cut**(切った)
  ＊現在形と過去形が同じカタチ

などなど、挙げていくとまだまだ**キリがなかったりして**。
いきなり全部覚えるのは大変だと思いますが、**しょっちゅう使う基本的な動詞ほど、過去形がよくわからないカタチになったりする**ので、英語に触れる時間が増えれば、自然にこういう特殊なカタチにも慣れることができます。
焦らず、少しずつ覚えていってください。

be 動詞の過去形

Q Norio is kind.（ノリオは優しい。）という英文を「ノリオは優しかった」という過去の話に変えるとどうなるでしょう？

主語が「**ノリオ**」なだけに、何となく**ノリ**で、

× **Norio is kinded.**

と「**やってしまった**」人はいませんか？

「えっ、『優しい』は英語で kind でしょ？　だったら、『優しかった』は、kind に -ed をつけて kinded ってなるんじゃないの？」

とまだまだ引き下がりたくない人は kind という単語の品詞を思い出してみましょう。
kind（優しい）の品詞は……、「**形容詞！**」ですよね。

そうです！
「**優しかった**」という表現からもわかるように、**日本語では形容詞にも過去形があります**。でも、**英語では動詞の時制と時間を表す表現を使って「いつのことだったか」を表す**のです。裏を返せば、英語では動詞には時制があるけど、ほかの品詞には時制がないということ。
つまり、**英語の形容詞には過去形というカタチがないのです！**　だから、**kinded というカタチがそもそも×（バツ）！**
英語で過去の話をしようと思ったら、**必ず（形容詞ではなく）動詞を過去形にしなければいけない**のです。ですから、

Norio is kind.（ノリオは優しい。）

という英文を過去形にしようと思ったら、この英文の動詞、つまり **be 動詞 (is) の方を過去形にしなければいけない**ということになります。
したがって、正解は、

Norio was kind.（ノリオは優しかった。）

でも、この英文を見て、
「**was？？**」
と不思議に思った人もいませんか？　一般動詞の過去形は、動詞の終わりに **-(e)d** をつけるカタチが基本ですが、be 動詞の過去形はちょっと特殊だったりします。次の通り。

am / is → was
are → were

特殊は特殊ですが、この 2 つだけなので、一般動詞の過去形よりは使いやすいかも。

Q 次の英文を「過去のこと」を表す文に変えましょう。

1. They are very busy.（彼らはとても忙しい。）
2. I am at Tokyo Station now.（私は今、東京駅にいます。）

＊ヒント！　**now**（今）は過去の話をするときには **then**（そのとき）に変わります。

どちらも be 動詞を使う英文ですね。
1 は be 動詞の **are** を過去形の **were** にして、

1. They were very busy.（彼らはとても忙しかった。）

とすれば正解。「**忙しかった**」という日本語に惑わされて、うっかり形容詞の busy に -(e)d をつけたりしないように注意。

2は**〈be 動詞＋前置詞＋場所を表す名詞〉**のカタチで、「**いる、ある、存在している**」という意味を表すパターンですよね。これも be 動詞の **am** を過去形の **was** に変えて、

2. I was at Tokyo Station then.（私はそのとき東京駅にいました。）

とすれば、当然「**いた**」という過去の内容を表す文になります。「**ヒント！**」にもあったように、**now（今）**が、「過去の話」をするときには **then（そのとき）**に変わるという点にも注意してください。

……ちなみに、ココまでに何度か「**優しい**」という意味で **kind** という単語を出してきましたが、「電車で老人に席を譲った」とか「被災地に義援金を送った」とか**何か具体的な行動、特別な出来事を話題に出して、「あの人は親切だ（優しい）」という場合以外は、kind という単語は使わないのが普通**です。

単に「**あの人は優しい（親切だ）**」「**だれに対しても優しい人だ**」と伝えたい場合には、kind ではなく **nice** という単語を使います。
日本人がよく言う「優しい」は、たいていの場合、kind よりも nice を使って表した方が自然だと思います。

過去形の否定文と疑問文

過去の話について「…**じゃなかった**」と否定したいときや、「…**だったの?**」と質問したいときにどうすればいいのでしょうか?
これはもう実際に例文を見てもらえば一目瞭然だと思います。

1. I did not eat the cake.(私はそのケーキを食べませんでした。)
2. Did you play tennis yesterday?
(あなたは昨日テニスをしましたか?)
3. He wasn't tall.(彼は背が高くなかった。)
4. Were you hungry then?
(あなたはそのとき お腹が空いていたのですか?)

気づきましたか? 過去の話の場合も、否定文、疑問文のパターンは、今までとまったく一緒なのです。

1、**2** のような一般動詞を使う文の場合、使うものが **do / does** から **did** になるだけですね。だから、否定文なら **do not / does not**(またはその短縮形 **don't / doesn't**)を **did not**(または **didn't**)に、疑問文なら、主語の前の **do / does** を **did** に置き換えるだけでOK。
主語に合わせて **do / does** を使い分けなければならない現在形と違い、過去時制の場合、主語に関わらず **did** を使えばいいので、はっきり言って**ラクチン**です。

また、**do / does** を使う場合と同じく、did を使う場合も、動詞は必ず**スッピン状態**になります。つまり、

× **He didn't plays tennis.(彼はテニスをしなかった。)**

のように、主語に合わせて **-s** をつけたり、

× **I didn't played tennis.**

のように、過去時制の **-(e)d** を動詞につける必要はないってことです。こういう生まれたままの姿の動詞のことを文法用語で「**動詞の原形**」といいます。did が入る英文では、動詞は必ず原形になるわけです。

3、**4** のような、**be 動詞**を使う文の場合はもっと簡単。
ただ単に be 動詞が過去形になるだけ、つまり **am / is なら was に、are なら were に置き換えるだけ**で、あとは全部同じです。**否定文なら was / were の後ろに not を置けばいい（もしくは短縮形の wasn't / weren't）**し、**疑問文なら was / were を主語の前に出せばいい**わけです。

Q 1の英文は疑問文に、2の英文は否定文にしてください。

1. Sadaharu came to the party.
（サダハルがパーティーにやって来た。）

2. Takuya was late for the important meeting.
（タクヤは大切な会議に遅刻した。）

1 は一般動詞の **came（come の過去形）**が使われているので、**did** を主語（Sadaharu）の前に入れて、

1. Did Sadaharu come to the party?
（サダハルはパーティーに来たの？）

とすれば正解。came をスッピン状態（原形）に戻すのを忘れないこと。

2 は be 動詞の was が使われているので、これに not（もしくはその短縮形の -n't）をつけて、

2. Takuya wasn't [was not] late for the important meeting.
（タクヤは大切な会議に遅刻しなかった。）

とすれば正解。**be late for ...（…に遅刻する）**は、**〈be 動詞＋形容詞＋前置詞〉**の１セットが、ひとつの動詞のような意味を表す特別な組み合わせであることにも注意してください（忘れた人は、p.98をチェック）。

さて、過去形については、これくらい知っておけば、とりあえず大丈夫ですが、実は問題なのは過去形ではなく現在形の方だったりするのです……。

現在形は「現在」のことではない！

この本の最初に紹介した基本の動詞のカタチを、過去形に対して、「現在形！」と呼びます。つまり、「現在形」とは、主語の数、カタチに合わせて一般動詞に -(e)s をつけたりつけなかったり、あるいは be 動詞だったら、is / am / are を使い分けたりする動詞のカタチですね。ここでは「現在形」について少し考えてみましょう。

Q I play tennis. という英文は一体いつのことについて述べているのでしょう？

英語では、**時間の感覚を、動詞のカタチと時間を表す言葉を使って表す**のでしたよね。ということは……、

「動詞が『現在形』ってカタチだから、『現在、テニスをしている最中だ』という意味！」

でしょうか？
そんなふうに考えてくれた人、**残念でした。**
でも、これは間違えた皆さんが悪いわけではなく（むしろ、間違った皆さんは素直な「いい人」かも……）、**そもそもこの「現在形」という呼び方の方に問題がある**のです。

というのも、英語の動詞の**現在形は、名前こそ「現在形」ですが、実は、現在というよりも、時間が特に限定されていない（過去・現在・未来を超越した）いつでも当てはまるようなことに対して使うカタチ**だったりするんですね。
「**『現在形』というよりも、むしろ『超越形』だろ！**」
とぼやいてみたり。

そんなわけで、

I play tennis.

という英文をきちんとした日本語に訳すと、

「私は（普段、習慣あるいは趣味のひとつとして）テニスをしている」

という意味になったりします。

「じゃあ、『今…している最中だ』という本当の現在の話は、どうやって表すの？」

と、不思議に思った人もいるかもしれませんね。

そういう場合には、**現在形とはまた別のカタチ**を使います。

それについては、あとでまた詳しく紹介するけぇ、ちょっと待っちょってね（と、何となく山口弁）。

とりあえず、ココでは、

英語の動詞の「現在形」は、過去・現在・未来にとらわれないいつでも当てはまるようなことに使うカタチ！

という「**お約束！**」だけ、バッチリ押さえておいてください。

「時」を表す表現に注意！

Q 「ボクは昨日テニスをした」を英語で言うと？

正解は、

I played tennis yesterday.

ですよね。「**何をいまさら！**」という人もいるかもしれません。でも、本当に大切なのはここから。みなさんは上の英文が、どういう品詞で構成されているかわかりますか？

「主語の I（ボク）は名詞、その次の play（…をする）は動詞、tennis（テニス）は名詞、yesterday（昨日）はもちろん名詞！」

……チョット待ったァ！
ここまでに、**文の中に名詞が前置詞ナシで入る**のは、

①「主語」の位置（「…は［が］」に当たる名詞）
②「目的語」の位置（一般動詞の後ろに前置詞ナシで続く「…を」に当たる名詞）
③「補語」の位置（be 動詞の後ろに入る、主語とイコールの関係が成り立つ名詞）

の3パターンだけという「**お約束！**」を繰り返ししつこく述べてきました（忘れた人は、焦らずp.87をじっくりチェック）。

play は、後ろに名詞（目的語）がひとつ続く標準的なタイプの動詞（他動詞）です。ココでは、その目的語の位置には、すでに **tennis** という名詞が入っ

ています。ついでに言ってしまえば、play は一般動詞なので（be 動詞ではないので）、後ろに補語というヤツを続けることもできません。要するに、

「yesterday（昨日）は英文中の主語でも、目的語でも、補語でもない！（にもかかわらず、接着剤代わりの前置詞ナシで英文の中に入っている）」

ということです。
「だったら、この yesterday って、何よ？」
と思いませんか？
実は、この **yesterday（昨日）**というヤツは、**「名詞のようで名詞ではない！」**のです。

「えっ、でも『昨日』って日本語は、明らかに名詞でしょ？」

というみなさん、思い出してください。英語には、

「いくら日本語の感覚では名詞っぽくても、英語の品詞上の分類は、名詞ではない！」

というややこしい言葉のグループがありましたよね。
そうです、p.93で紹介した**「副詞！」**というグループです。
「接着剤に当たる前置詞が必要そうな場合でも、前置詞ナシで使える！」
それが副詞の最大の特徴。つまり、
「その語だけを単独で、好き勝手に文につけ足してイイ！」
という特別な**「おまけ要素」**的な存在であるわけです。

そして、**この yesterday も日本語の感覚では名詞みたいだけど、英語の分類上は、実は副詞。**だから、

I played tennis yesterday.

のように、単独で（前置詞なしで）、tennis の後ろにつけ足しても問題ないわ

けですね。

「**でも、日本人の感覚では、名詞みたいな『隠れ副詞』をどうやって、見破ればいいわけ？**」

とお悩みのみなさんにグッドニュース。

「時」を表す表現は、たとえ名詞っぽくても、大概、副詞としても使える！

という「**お約束！**」があるんです。

だから、例えば、

today（今日）、tomorrow（明日）、next morning（次の朝）、
this afternoon（この午後→今日の午後）、last night（前の夜→昨夜）

のような、一見、「**コレって名詞？**」と思える表現も、

1. Takako watched TV last night.（タカコは昨夜、テレビを見た。）
2. I took a nap this afternoon.（ボクは今日の午後、昼寝をした。）

のように、たとえ英文中の主語でも目的語でも補語でもなくても、前置詞ナシで好き勝手に文にそのままつけ足してしまってOK。
さらに、副詞は、「**その語だけを単独で、好き勝手に文につけ足してイイ！**」という「**おまけ要素**」だけに、入れる位置もけっこう自由で、

1. Last night Takako watched TV.
2. This afternoon I took a nap.

のように、文末に限らず、主語よりも前に置くこともできたりします。
「時を表す副詞」というヤツは、文の終わりに入れることが多いのですが、その**「時」を強調したい場合**や、**話の流れの中で、ちょうどその「時」が話題になっている場合**には、このように文の頭に置くのが普通です。

また、yesterday や today、tomorrow などは、ちゃんとした名詞として使うことも可能だったりします。

Yesterday was my birthday.（昨日は私の誕生日でした。）

なーんて感じですね。

つまり、**「時」を表す表現は、文の中で、**

① 名詞としても使える（主語、目的語、補語の位置に入れることができる）
② 副詞としても使える（文中の主語、目的語、補語でなくても、プラスアルファのおまけ要素として、前置詞ナシで自由につけ足せる）

ということです。

動詞のカタチ（時制）と時を表す副詞の相性

Q 次の英文の意味を考えて、英文として正しければ○を、間違っていれば×をつけましょう。

1. We play tennis now.
2. My sister goes to school today.

「1は『私たちは今テニスをしている』？
2は『ボクの姉さんは、今日、学校に行く』？
……でも、1はなーんか×っぽいような！」

と思った人は、なかなかイイ勘の持ち主。ついでに
「2も何か変！」
と思えた人は、かなり素晴らしい勘の持ち主と言えるかも。
実は上の**1**と**2**は、**どっちも×！**
でも、この2つの文、一体どこがおかしいか、そこまでわかりますか？

ポイントは、**動詞のカタチと、now、today という時を表す副詞との相性**。
1 の **play は現在形**、**2** の **go**（ココでは主語の My sister に合わせて、-(e)s がついて、goes となっていますが）**もやっぱり現在形**ですよね。
「……それが何か？」
という人は、動詞の現在形というのが、どんなものだったか思い出してください。

「英語の動詞の『現在形』は、過去・現在・未来にとらわれない、いつでも当てはまるようなことに使うカタチ！」

という「**お約束！**」がありましたよね？
要するに、**英語の現在形は**（「現在」という名前のクセに）、**now（今）や**

today（今日）のような時間を限定する表現と相性が悪いカタチなのです。
だから、**1** や **2** の文は**マズイ！**

動詞の「現在形」と、時間を限定する語句や表現は、一緒に使ってはいけない！

と覚えておきましょう。
ただし、「時を表す副詞」の中でも、**every day（毎日）**や **every week（毎週）**みたいな「**過去・現在・未来のすべてに当てはまりそうな幅のある時**」を表す副詞は現在形と一緒に使っても大丈夫！　……というか、**一般動詞の現在形**って、実はこういう**「幅のある時」を表す副詞と一緒のときくらいしか、使う機会がなかったり**して。**すっごく使いづらい**。

……あ、でも大事な注意点がひとつ。
動詞の現在形の中でも、**be 動詞は例外扱い**。

Today I'm very busy.（今日、ボクは忙しい。）
He is busy now.（彼は今、忙しい。）

のように、be 動詞の現在形と、now や today のような時を表す表現とを一緒に使っても、間違いではありません。

このように、英語の動詞のカタチ（時制）と時を表す表現の間には、日本語の感覚からは想像もつかないような相性があるので、要注意です。

「ふくしゅう」宿屋……5泊目

ココでは「**過去形**」が新登場。時制の変化は英語ワールドの主人公である動詞にだけ許された特権！　……というか、**基本形である現在形だけじゃ、動詞は使いにくいのなんの**って。はっきり言って例文ひとつつくるのも一苦労（と、ぼやいてみたり）。英語ワールドを生き抜く上で必須ともいえる時制変化のポイントを、ぜひココでしっかりマスターしておいてください。

Q

次の日本語の文の内容と、それに対する英語の文について、英文が正しければ○をつけ、間違っていれば正しい文に訂正しましょう。

1. ボクは２つ冷蔵庫をもっていた。
I was haved fridges two.

2. ボクの姉は今朝、部屋にいませんでした。
My sister didn't in her room in that afternoon.

3. 彼は自転車で学校に行ったのですか？
Was him went school with bike?

ここで「**STEP 5**」の内容を簡単におさらい。ポイントをアタマに叩き込んだ上で、満足のいく答えができあがったら、p.126の「**解答と解説**」へ。

過去形・現在形と時を表す表現のポイント

その1：**play → played、like → liked のように後ろに -ed、-d をくっつけたカタチが一般動詞の過去形！　ただし、過去形が特殊なカタチになる一般動詞も多いので注意が必要！**

重要

●過去形が特殊なカタチになる一般動詞の例

go（行く）→ went（行った）、think（考える）→ thought（考えた）、break（壊す）→ broke（壊した）、begin（はじめる）→ began（はじめた）など

その2：be 動詞の過去形は、am / is → was、are → were の2パターン。なお、日本語の形容詞には過去形がある（「優しかった」など）が、英語の形容詞には過去形がない（英語は動詞にしか時制の変化がない）ので要注意！

例：The movie was interesting.（その映画は、面白かった。）

その3：過去形の疑問文・否定文は、一般動詞の場合は、do / does の代わりに did を、be 動詞の場合は、is / am の代わりに was、are の代わりに were を使うだけ。

その4：「時」を表す表現は、たとえ名詞っぽくても、大概、副詞としても使える！（だから、前置詞ナシで好き勝手に文の中に入れてもOK）

例：I didn't go to the party last night.
（ボクは昨晩、そのパーティーに行かなかった。）

その5：英語の動詞の「現在形」は、過去・現在・未来にとらわれない、いつでも当てはまるようなことに使うカタチなので、today（今日）、now（今）のような時間を限定する表現と一緒に使うことはできない。ただし、be 動詞は例外。

例：I'm not hungry tonight.（今夜は、お腹が空いていない。）

解答と解説

1. ボクは２つ冷蔵庫をもっていた。

× I was haved fridges two.

→ ○ I had two fridges.

日本語の文には「**もっていた**」とあるので、**have という一般動詞の過去形**を使うことになります。元の英文のように be 動詞の過去形（was）を使う必要はナシ。注意点は、**have は過去形が特殊なカタチになる一般動詞**だということ。**have（もっている）→ had（もっていた）**が正しい過去形への変化で、haved のようなカタチは存在しません。なお、「**ふたつの冷蔵庫**」は、fridges two ではなく、**two fridges**。「いくつ（何人）のモノ（人）」というときには、必ず**〈数を表す言葉＋名詞〉**という語順になります。

2. ボクの姉は今朝、部屋にいませんでした。

× My sister didn't in her room in that afternoon.

→ ○ My sister wasn't in her room this morning.

「**部屋にいる**」のような「**いる・ある・存在している**」は、**〈be 動詞＋前置詞＋場所を表す名詞〉**で表せるんですよね。ここでは「**いませんでした**」なので、be 動詞の過去形 was を **wasn't** という否定のカタチにすればOK。元の英文のように did を使うことはありません。「**今朝**」というのは「**この朝**」と考えて、**this morning** とします。このような**「時」を表す表現は名詞っぽくても大概、副詞として使える**んでしたよね。だから、this morning の前に前置詞は不要。また、this morning を文頭に置くことも可能です。

3. 彼は自転車で学校に行ったのですか？

× Was him went school with bike ?

→ ○ Did he go to school by bike?

「行ったのですか？」とあるので、動詞は一般動詞（go）、時制は過去、文のカタチは疑問文ということになります。一般動詞の過去形の疑問文は、**do /does の代わりに did が文頭**でしたよね。was ではありません。ついでに did を使うときは、動詞は必ずスッピン（原形）なので、went ではなくて、**go** を使う点にも注意。**「学校に行く」**は **go to school** が決まり文句。**「自転車で」**のような**交通手段を表す前置詞は by** なので、**by bike** とします。なお、**〈go to 建物・場所〉**という場合、決まり文句として「**建物・場所を表す名詞の前に a や the を入れない**」ことが多かったりします。例えば、「**ベッドへ行く→寝る**」なら **go to bed** という具合。さらに、交通手段を述べる**〈by ＋乗り物〉**というカタチにも、**by car** のように「乗り物」の前に a や the を入れないのが普通です。

Q 日本語の内容に合う英文を書きましょう。

1. 彼女たちはそのとき（at that time / then）うれしくなかった。
2. サオリはそこで２時間、友人たちを待ちました。
3. このきれいな手紙は昨日オーストラリアから来た。

解答と解説

1. 彼女たちはそのときうれしくなかった。
→ They weren't happy at that time / then.

「うれしくなかった」という日本語の文の結論は、英語の一般動詞では表せません。**「うれしい」**は英語では **happy** という形容詞を使って表すので、英語の文は〈be 動詞＋ happy〉というカタチを使います。それが「なかった」という過去の否定のカタチになるので、be 動詞は weren't とすること。**「英語には日本語と違って、動詞にしか時制の変化がない」**ので、happy に -(e)d をつけたりしないように。**「時」を表す表現は名詞っぽくても大概、副詞として（前置詞ナシで）使える**のが普通ですが、**「そのとき」**に関しては、問題文中の注にもあるように、**at that time** という前置詞のついた1セットで使うのが普通。あるいは、**then** という単語ひとつでもOK。

2. サオリはそこで2時間、友人たちを待ちました。

→ Saori waited for her friends there (for) two hours.

「待つ」を意味する **wait** は**「他動詞として使うことも可能だが、普通は自動詞として（前置詞を挟んで名詞をつなげるカタチで）使う」**というややこしい動詞だったのを覚えているでしょうか？（忘れた人はp.69をチェック）
「…を待つ」は **wait for ...** と表すのが普通です。日本語の文は**「待ちました」**となっているので、**waited** と過去形にするのを忘れないこと。また、日本語では単に「友人たち」となっていますが、**英語の名詞には必ず「どの／だれの／いくつの…」という身元証明が必要**でしたよね。ココでは、**「サオリの友人たち」**と考えて、**her friends** とします。
「そこで」は、**there** という場所を表す副詞で表します。**「2時間」**という時間の幅について述べるときには、前置詞の for を使って、**for two hours** とするのが普通ですが、これは「時」を表す表現だけに前置詞をつけずに two hours だけで済ませてもOK。なお、ひとつの英文に**「場所」**を表す語句と**「時」**を表す語句の両方が入るときには、**「場所→時」**という順番で並べるのが普通です。

3. このきれいな手紙は昨日オーストラリアから来た。

→ This beautiful letter came from Australia yesterday.

come（来る）という動詞も、後ろに前置詞が必要な動詞。ココでは**「（オーストラリア）から来た」**のように、手紙の**「出発点、起源などを表す」**前置詞が必要なので、**from** を使います。**come は過去形が特殊なカタチになる一般動詞**なので、**came** というカタチにすること。**yesterday（昨日）**は日本語の感覚だと名詞っぽいけど、「時」を表す表現なので、副詞として前置詞ナシでそのまま文に入れて大丈夫というヤツでしたよね。

STEP 6

アレも副詞、コレも副詞？

副詞は奥が深い？

ココまでに「**副詞！**」と呼ばれるヤツが何度か登場してきましたよね。

最初に出てきたのが、p.93の「**be 動詞の後ろに続くもの　その 3：副詞**」に登場した**「場所」を表す副詞**というヤツ。
here（ここで）、**there（そこで）**がその代表格で、こうした「場所」を表す副詞は、日本人の感覚だと名詞みたいだけど、

She comes here every week.（彼女は毎週、ココへやって来る。）
I was there last night.（ボクは昨晩、そこにいました。）

という具合に前置詞ナシで文の中に好き勝手に入れられる、be 動詞の後ろに入れたら、「**いる、ある、存在している**」という意味を表せるというのが、特徴でした。

もうひとつは、p.118の「**『時』を表す表現に注意！**」に登場した**「時」を表す副詞**ってヤツ。
こちらは「**日本人の感覚だと名詞みたいだけど、前置詞ナシで文の中に好き勝手に入れられる**」というだけでなく、「**実際に名詞としても使える**」両刀使いが大半だったりします。例えば、

I went there yesterday.（ボクは昨日、そこへ行きました。） →副詞
Yesterday was her birthday.（昨日が彼女の誕生日でした。） →名詞

という具合（「時」を表す副詞の位置は文頭でもOK）。

「時を表す副詞」は、時を表す動詞のカタチ、つまり、動詞の時制と深い関係にあるのですが、動詞のカタチの中でも、
「過去・現在・未来にとらわれない、いつでも当てはまるようなことに使う動詞のカタチ＝現在形」
とは相性が悪い「時を表す副詞」もあったりします。**today（今日）、now**

（今）のような時間を限定する表現がそうです。だから、

× **I go there today.（今日、そこへ行きます。）**

のようには言えません。
ただし、「時を表す副詞」の中でも、**every day（毎日）**や **every week（毎週）**のような「**過去・現在・未来のすべてに当てはまりそうな幅のある時**」を表す副詞は現在形と一緒に使っても問題ナシ。

一方、**be 動詞は例外扱い**で、時間を限定する副詞も be 動詞の現在形となら共存可能です。だから、

○ **I'm sleepy today.（ボクは今日、眠い。）**

と言っても問題ナシ。

……ここまで読んで、
「**副詞って前置詞ナシで使えるのはベンリだけど……、何だかよくわからんヤツ**」
と首をかしげたくなった人も多いはず。
でも、こんなのまだまだ**副詞の序の口**なんですよ、**フフッ**（とほくそえんでみる）。

「どれくらいのペースで『…する』のか？」を表す副詞

みなさん、「**ひんど**」って言葉を聞いたことがありますか？

「ああ、言葉をグループ分けした……」

って、それは「**品詞（ひんし）！**」ですよ。
簡単に言うと「**頻度（ひんど）**」とは、「**いつも**」とか「**たまに**」とか、何かをするときに、それを「**どれくらいのペース／割合でするのか？**」という「程度」のことです。

Q 次の英文の中から、「頻度」を表す言葉を見つけ出しましょう。

1. I sometimes look at your picture.
（ボクはときどきキミの写真を見る。）

2. You are usually at home on Sunday evenings.
（アナタってたいてい日曜の夜は家にいるのね。）

「って、sometimes（ときどき）と usually（たいてい、大体いつも）の部分の色まで変えてあるし、バレバレじゃん！」

というツッコミが聞こえてきそうですね。ま、たまにはこれくらい簡単な問題もアリってことで。**優しいなぁ、オレ。**

ちなみに、**often（よく、しばしば）、always（いつも）**なんかも、頻度を表す言葉の仲間です。でも、こうした言葉を分類するとどんな品詞にグループ分けされるかわかりますか？

……答えは「**副詞！**」。
これらは「**副詞**」の中でも、特に「**頻度を表す副詞**」と呼ばれるものです。
つまり、またしても、「**副詞**」。ところで、

1. I sometimes look at your picture.
2. You are usually at home on Sunday evenings.

という先ほどの英文を見て、
「コイツら、何か変な位置に入ってるなー」
と感じた人、いませんか？

本来、**「オマケ要素」**である副詞は、入る位置も割と自由であることが多いのですが、今回登場した**「頻度を表す副詞」はチョット例外。副詞のクセに入る位置がほぼ決まっていて、**しかも**ちょっとややこしい**のです。
次の通り。

重要

★頻度を表す副詞の位置
●一般動詞を使う文 → 頻度を表す副詞は一般動詞の前
● be 動詞を使う文 → 頻度を表す副詞は be 動詞の後ろ

つまり、**基準になるのは動詞**。**またしても、動詞が基準**なのです。
「……動詞ってホントに大事！」
って、実感しちゃいますね。(ただし、**sometimes** だけは例外的に文頭や文末に置かれることも多いです)。

「えーと、英語の基本のカタチは〈主語＋動詞（＋その他）〉だけど、頻度を表す副詞ってヤツが出てくるとその大切なお約束が変わって……えーい、この英語ワールドの秩序を乱す悪魔め！！　出ていけ、コノ、コノ！！」

と英語界のエクソシストを呼びたくなった人は次のように考えてください。

「副詞は文にあってもなくてもかまわないオマケ要素。動詞から後ろのカタチを決めるのはあくまでも動詞！」

これこそが、あくま（悪魔？）でも英語の基本原則です。
先ほどの英文の構造を分析して、それを確認してみると……。

1. I (sometimes) look at your picture.

この文では、**look（見る）**という一般動詞が使われているので、その前に頻度を表す副詞 **sometimes** が割り込んでいます。
でもそこから後ろのカタチを見てみると……、いつも通りですよね。
look は自動詞（後ろに名詞を続けるのなら、必ず前置詞が必要）なので、ちゃんと後ろに前置詞の at が入っているし……、ホントにただ「オマケ要素」の **sometimes が割り込んだだけ**。

2. You are (usually) at home on Sunday evenings.

この文では be 動詞（**are**）が使われているため、**usually（たいてい）**が be 動詞の後ろに割り込むカタチになっていますね。
でも、この usually はホントに割り込んでいるだけの「オマケ要素」で、usually を取り除くと、**〈be 動詞＋前置詞＋場所を表す名詞〉**というおなじみのカタチが見えてくるはず。

ちなみに、**2** の英文の **on Sunday evenings** という表現は、「**時を表す表現**」だけに、前置詞（on）を省いて「**副詞**」として使うことも可能。ついでに **at home** という**〈前置詞＋名詞〉**のカタチも、前置詞（at）を省いて、home だけを「**場所を表す副詞**」として使うことも可能。まさに「**アレも副詞、コレも副詞～♪**」状態。

……と、話がそれたところで、「**頻度を表す副詞が英文の中に割り込む感覚**」に慣れる練習をしてみましょう。

Q 次の日本語の文を英語に直してみましょう。

1. シバオはいつもボクに親切です。
2. 彼女はよく犬と散歩に行く。

1 は文の結論が「**親切だ（nice）**」という意味の形容詞なので（p.112も参照）、be 動詞を使う英文となります。主語は「**シバオ（Shibao）**」という人の名前なので、使う be 動詞は is。「**…に（対して）親切**」は **nice to …** となります。つまり、

Shibao is nice to me.（シバオはボクに親切です。）

というカタチ。

あとは残った「**いつも（always）**」という頻度を表す副詞ですが、

「**be 動詞を使う文の場合、頻度を表す副詞は be 動詞の後ろに入れる**」

のだから、be 動詞の is と nice の間にコイツを割り込ませて、

1. Shibao is always nice to me.

とすれば、正解となります。こう考えれば、間違いっこナシ。

2 は「**行く**」という文の結論を一般動詞の **go** で表せるので、一般動詞を使う英文。主語が「**彼女（She）**」なので、**goes** とするのを忘れないこと。

「**散歩に行く**」は **go for a walk** という決まり文句。自動詞である go の後ろに接着剤代わりの前置詞（for）を挟んで、名詞（a walk）が続くというカタチですが、コレは理屈をアレコレ考えるよりも、丸暗記しちゃった方がラクかも。

「**犬（と）**」という浮いている名詞は、やっぱり接着剤代わりの前置詞を使って、文の終わりにくっつければOK。「**…と（一緒に）**」を意味する前置詞は **with** でしたよね。よって、ココまでで、

She goes for a walk with her dog.

となります。

あとは「**よく（often）**」という頻度を表す副詞を入れるだけですが、

「一般動詞を使う文の場合、頻度を表す副詞は一般動詞の前」
なので、主語の She と一般動詞 goes の間にコイツを割り込ませて、

2. She often goes for a walk with her dog.

とすれば、正解。

慣れてくると、いちいち「**最後に頻度を表す副詞を割り込ませて**……」とかメンドクサイことを考えなくても、**チャチャッとできる**ようになります。
でも、それはそれで問題が。
特に一般動詞を使う英文の場合、**頻度を表す副詞が主語と動詞の間に割り込んで間が空いてしまう**せいか、

× **She often go for a walk with her dog.**

のように、主語のカタチに合わせて、**動詞に -(e)s をつけたり、つけなかったりを「うっかり！」忘れてしまう**人が多いんですね。
ぜひ気をつけてください。

「どんなふうに『…する』のか？」を表す副詞

「どれくらいのペース／割合で…するのか？」は「頻度を表す副詞」というヤツで表しましたが、「どんなふうに…するのか」も「副詞！」を使って表したりします。例えば、次のような具合。

1. Takako plays tennis well.（タカコは上手にテニスをする。）
2. Ichiro studied hard last night.
（イチローは昨晩、一生懸命勉強した。）

上の文の **well** や **hard** などが、「**どんなふうに…するのかを表す副詞**」です。このタイプの副詞については細かいことを抜きにして、

「どんなふうに動作をするか」は副詞を使って説明する！

と割り切って覚えてしまう方がラクだと思います。だから、こういう語は前置詞ナシで文の中に入れてしまってOK。p.83で、
「もの（名詞）の様子が「どんな感じか」を説明する語が形容詞！」
と説明しましたよね。その動詞版、つまり、
「動作（動詞）について『どんなふうに…するのか』を説明する語は副詞！」
だということです。

副詞は文中の位置が結構、自由であることが多いのですが、「**どんなふうに…するのかを表す副詞**」は、動詞と密接な関係をもつだけに**動詞の後ろに入るのが普通**です。ただし、**1**のように、「**～を…する**」という意味の英文の場合には、**「～を」という意味の名詞の後ろ**に入ります。

動詞のオマケ（？）副詞

単語の中には、
「単独では使わずに、何らかの動詞とセットで、動詞にその語がもつニュアンスをプラスする」
というチョット変わった性質のものもあります。例えば、

He ran away.（彼は走り去った。）

の **away** なんかがそうです。

「その語だけを単独で、好き勝手に文につけ足していいオマケ要素！」
という意味で、こうした単語も**副詞の一種と言える……いや、言えなくもないというか**なんというかその……実は、**ときには前置詞として使う**場合もあったり、**あるいは前置詞、副詞のどちらともとれる**ような場合もあったり……。
そんな非常にややこしい存在だったりするんですね、コイツら。

何だかメンドクサそうだけど、コイツらはあくまで、「**オマケ要素！**」にすぎないので、こうした表現の分類については「**あまり気にしすぎない**」っていうのもポイント。

よく動詞とセットで用いられる**ニュアンス追加の副詞（ときどき前置詞）**の代表例と、基本のイメージは、次の通り。

重要

★ニュアンス追加の副詞（ときどき前置詞）の代表例
- **up** →上の方に上がっていく／いっぱいになるイメージ
- **down** →下の方に下がっていく／何かに沿っていくイメージ
- **on** →上にくっつけるイメージ
- **out** →外側に出ている／出ていくイメージ
- **off** →離れる／途切れるイメージ

● **away** →どこか離れた場所に行く／別の場所っぽいイメージ
● **around** →何かを囲む感じ／「周辺」ってイメージ

こうしたイメージをアタマに叩き込んだ上で、次の問題にチャレンジ。

Q 次の英文を日本語に直してみてください。

1. The students wrote down his story.
2. I usually get up at seven.
3. He went out for a walk two hours ago.

1 の **wrote** は **write**（書く）の過去形。過去形が特殊なカタチになる一般動詞ってヤツですね。**write down (his story)** は、「**(彼の話）に沿って書いていく**」イメージで、全体では次の通り。

1. 生徒たちは、彼の話を書き留めた［記録した］。

2 の **get** の基本は「手に入れる」という意味。手に入れるのが「**上の方（up）**」ということで、**get up** は「**寝ていたものが上の方に起き上がる**」イメージ。全体では、次のような意味になります。

2. 私は普段、7時に起きる。

3 の **went** は **go** の過去形。コレも過去形が特殊なカタチになる一般動詞。**go out** は「**外へ出ていく**」イメージから、「**外出する、出かける**」という意味になります。
なお、ここの **go out for a walk** は、**go for a walk**（散歩に行く）という決まり文句に、**out** というニュアンス追加の副詞が割り込んだカタチ（でも、「**out があってもなくても大差ない**」って気がするでしょ？）。全体では、

3. 彼は 2 時間前に散歩に出かけた。

という意味になります。なお、**two hours ago** の ago は、時間を表す表現と一緒に使われて、「…**前に**」を意味する特殊な副詞。1 セットで副詞だから、前置詞なしで文の最後に置けるわけです。

このようにニュアンス追加の副詞の基本の「イメージ」をしっかり押さえておけば、動詞とセットになって出てきても、その意味を推測しやすいはずです。ほかにも、次のような「**動詞＋ニュアンス追加の副詞のセット**」は丸暗記しておくと何かとベンリ。

重要

★よく見かける動詞＋ニュアンス追加の副詞のセット

● **put off ...**（…を延期する）

＊ put ... off というカタチもアリ。「あれ、それ、これ」のような代名詞を入れる場合は、put と off の間に置く。

● **put on ...**（…を着る）

＊ put ... on というカタチもアリ。「あれ、それ、これ」のような代名詞を入れる場合は、put と on の間に置く。

● **run away**（逃げ出す）

● **run down**（止まる）

● **take off (...)**（離陸する、…を脱ぐ）

＊ take ... off というカタチもアリ。

● **throw away**（投げ捨てる）

副詞のまとめ

「……何かさっきから、アレも副詞、コレも副詞って言われすぎて、アタマこんがらがってきた……」

という人もいるのではないでしょうか？　実は、
「この統一感のなさこそが副詞の特徴！」
だったりして。

というのも、英語には、

言葉をグループ（品詞）分けしたときに、分類に悩むような厄介者は、すべて副詞のグループ行き！

という傾向がないわけでもないのです。

だから、「**副詞！**」と言われてもピンとこない人が多いのは、ある意味、仕方のないことかもしれません。
でも、逆に言えば、みなさんが英文を読んでいて、

「この言葉は、名詞でもないし、動詞でもないし、形容詞でもないし……コイツの品詞って一体、何よ？」

と疑問に思ったときには、「**迷ったら、副詞！**」と考えればいいということでもあります。

とにかく、絶対に注意してほしいのは、次の2点。

重要

★副詞の見分け方

- **「いつも／たいてい／昨日（は）」のような、日本語の感覚だと「は、が、を、に」などがつかない、あるいはたとえつけることができても、つけない場合とあまり差がない表現は、英語ではたいてい副詞として使える！**

- **「副詞」というカテゴリーに分類される言葉であれば、そのまま単独で（前置詞ナシで）文につけ足すことができる！**

この２点に当てはまれば、「**犯人はお前だ！**」……じゃなくて、「**お前は副詞だ！**」と思って間違いナシ。

副詞は文の意味を豊かにする要素ではありますが、**決して「文の絶対必要要素」ではありません。あくまでも「オマケ要素」**にすぎないので、上の２点に当てはまる「**副詞らしき言葉**」と出合ったら、いったんカッコか何かに入れて「**なかったこと**」にして、先に文の大まかな構造や意味を考えるのもひとつの手。
最悪、副詞の意味がわからない場合は無視してしまっても、文全体のだいたいの意味を取り違えることはないでしょう。

とにかく副詞という言葉の本質をつかみ、英文の中から副詞の存在を確実に見つけ出せるようになることが大切。これだけでも、英文を正確に組み立てたり、聞き取ったり、読み取ったりする力は格段に上がります。
「**今までどうも『副詞』っていうのがよくわからなかった**」
って人もコレでバッチリ……かな？

「ふくしゅう」宿屋……6泊目

ココでは、今まで**コソコソと**……じゃなくてひっそりと英文の中に紛れ込んでいたり、いなかったりした「**副詞！**」が遂に本格参戦します。副詞は英語の文に絶対に必要な要素ってわけじゃないけど、上手に使えば、英文の意味をググッと広げられます。逆に副詞の存在を見抜けないと、出合う英文の難易度がググッと上がったりして……。

Q 日本語の内容に合う英文を書きましょう。

1. マサは昨日、一生懸命、勉強をした。
2. カナコはとても（very）上手に英語を話した。

ここで副詞と「**STEP 6**」の内容を簡単におさらい。
副詞のポイントは、前置詞ナシで英文の中に入れられるってところと、どういう役割かによって入る位置がバラバラってところ。
ポイントをアタマに叩き込んだ上で、満足のいく英文ができあがったら、p.144の「**解答と解説**」へ。

副詞ってこんな連中

その1：here（ここで）、there（そこで）などの「場所」を表す副詞
⇒位置は基本的に、**動詞の後ろ**。ただし、「**～を…する**」という意味の英文の場合は、「**～を**」という意味の名詞の後ろに入ることが多い。

その2：today（今日）、then（そのとき）などの「時」を表す副詞
⇒位置は基本的に、**文の終わり**か**文の頭**。

その3：often（よく、しばしば）、always（いつも）などの「頻度」を

表す副詞

⇒位置は基本的に、**一般動詞**を使う文の場合は**一般動詞の前**、**be 動詞**を使う文の場合は **be 動詞の後ろ**。

その4：**well（上手に）、hard（一生懸命）などの「どんなふうに…するのか」を表す副詞**

⇒位置は基本的に、**動詞の後ろ**。ただし、「**～を…する**」という意味の英文の場合は、「**～を**」という意味の名詞の後ろに入ることが多い。

その5：**run away（走り去る）の away、get up（起きる）の up など、動詞とセットで使われて、ニュアンスを追加する副詞（ときどき前置詞）**

⇒動詞とセットで使われる副詞なので、位置は基本的に**動詞の直後**。ただし、〈**動詞＋副詞**〉の組み合わせが、「**～を…する**」という意味になる場合は、「**これを、それを、あれを**」などの代名詞が間に入ることもある。

その6：**その他、何だか分類に困るようなやつは「副詞！」である可能性高し！**

解答と解説

1. マサは昨日、一生懸命、勉強をした。

→ Masa studied hard yesterday.

study（勉強する）は自動詞としても他動詞としても使える動詞。つまり、後ろに「（勉強する）科目」などを表す名詞を続けてもいいし、続けなくてもいいということ。ココでは名詞ナシのパターンですね。主語は「**マサ（Masa）**」で、過去の話なので、動詞を **studied** という過去のカタチにすることを忘れないこと。コレで文の大まかなカタチはできあがり。

「**昨日（yesterday）**」は「**時」を表す副詞**、それから「**一生懸命**」も **hard** という「**どんなふうに…するのか」を表す副詞**です。「**どんなふうに…するのか」を表す副詞は動詞の後ろ**、「**時」を表す副詞は文の終わり**と決まっているので、**studied hard yesterday** というふうに文につけ足します。

2. カナコはとても上手に英語を話した。

→ Kanako spoke English very well.

文の主語は「**カナコ（Kanako）**」、文の結論となる「**話した**」は一般動詞の **speak** を **spoke** という過去のカタチにして表します。speak は、後ろに続く名詞（目的語）が **English（英語）**、**Japanese（日本語）** のような「言語」の場合のみ前置詞ナシで名詞を続けられて、それ以外は前置詞を挟んで名詞を続けないといけないという特殊な動詞。ココでは後ろに続くのが English なので、前置詞は必要ナシ。
残るは「**とても上手に**」ですが、まず「**上手に（well）**」が「**どんなふうに…するのか」を表す副詞**。「**とても（very）**」の扱いが難しいところですが、「**その他、何だか分類に困るようなやつは『副詞！』**」という法則通り、実はコレも「**程度・強調を表す副詞**」というヤツだったりします。代表格は、**very** のほか、「**非常に**」という意味の **so**、「**ほとんど**」という意味の **almost**、**nearly** など。こうした「**程度・強調を表す副詞**」は**副詞や形容詞の直前に置いてその意味を強める**ことができます。つまり、**very well（とても上手に）** はひとつの**副詞グループ**として扱えばOK。最後に very well の位置ですが、「**上手に（well）**」のような「**どんなふうに…するのか」を表す副詞**は「**～を…する**」という意味の英文の場合、「**～を**」に当たる名詞の後ろに入るので、English の後ろにつけ足せばOK。

Q 次の日本語の文の内容と、それに対する英語の文について、英文が正しければ○をつけ、間違っていれば正しい文に訂正しましょう。

1. サトミは土曜（には）よく出かけます。
   Satomi go to up often on Saturday.
2. ボクたちは写真を順々にまわした。
   We passed around the photos.
3. タカシはここに住んでいたのですか？
   Takashi in here lived?

解答と解説

1. サトミは土曜（には）よく出かけます。

× Satomi go to up often on Saturday.

→ ○ Satomi often goes out (on) Saturday.

「**出かける**」は、ニュアンスを追加する副詞（ときどき前置詞）の out を一般動詞の go と組み合わせて、**go out** というカタチで表します。「**出かける**」を「**外に行く**」と読み換えれば、この組み合わせは覚えやすいはず。元の英文のように to や up を使う必要は一切なし。
「**よく**」は **often** という「頻度」を表す副詞で表す……というところはいいのですが、元の英文では位置が変。「頻度」を表す副詞は、**一般動詞**を使う文の場合は**一般動詞の前**でしたよね。「**土曜に**」は **on Saturday** と表しても問題ナシですが、「**『時』を表す表現は、たとえ名詞っぽくても、大概、副詞としても使える！**」というわけで、on を省略しても可。

2. ボクたちは写真を順々にまわした。

○ We passed around the photos.

何と！　珍しくこの文は正解。**pass** は「**手渡す**」という意味の一般動詞ですが、これと「**何かを囲む感じ／『周辺』ってイメージ**」のニュアンス追加の副詞 **around** を組み合わせると、「**何かを順々に手渡していく**」といった感じの意味になります。ほかにも、**walk around** なら「**そこら辺を歩きまわる**」、**travel around** なら「**あちこち旅行してまわる**」といった感じです。

3. タカシはここに住んでいたのですか？

× Takashi in here lived?

→ ○ Did Takashi live here?

この文は過去のことについてたずねる疑問文ですね。でも、元の英文は見るからに疑問文っぽくありません。まず、文の結論に当たる「**住んでいる**」は一般動詞の **live** を使うということ、次に「**住んでいたのですか**」なので、一般動詞を使う過去形の疑問文ということになり、did が主語の前に必要。そして、「**ここに**」は **here** という場所を表す副詞を使って表せるので、in のような前置詞は必要ナシ。位置は動詞の後ろでしたよね。

STEP 7

前置詞が英語を見えにくくする!

主語に〈前置詞＋名詞〉をつけてみる

Q

Japanese eat rice.（日本人は米を食べる。）
と同じ内容を、Japanese を使わずに、Japan という語を使って表すとしたらどうなるでしょう？

＊ヒント！　「日本人→日本の中の人々」と読み換えること。

答えは、

The people in Japan eat rice.

となります。
〈前置詞＋名詞〉のカタチというと、ココまでに、

My uncle is in Japan.（ボクのおじさんは日本にいる。）
I have an uncle in Japan.（ボクは日本におじさんがいる。）

のように、文の後ろの方に続けるものを紹介してきました。でも、
The people in Japan eat rice.
という文では、主語（**the people**）の後ろに、**in Japan** という〈前置詞＋名詞〉というカタチが続いていますね。実は〈前置詞＋名詞〉のカタチは、

「主語の後ろ（そして動詞の前）にくっつけて、主語をより詳しく説明する形容詞のような使い方もアリ！」

だったりします。

ココで注目してほしいのは、**英語流の説明の順番**です。
英語の **The people in Japan** は、語順を変えずに日本語に直すと、
「人々なんだけど、どんな人々かといえば、日本の中にいる人々のこと」

のような感じになりますよね。
それに対して、**日本語は「日本の中の→人々」のように、説明（in Japan）に当たる表現が、説明される表現（The people）の前**にきます。

つまり、〈前置詞＋名詞〉を使って、別の名詞を説明する場合、**後ろから前にある言葉を説明するのが英語流**であり、**日本語とは、説明の順番が逆**になるということです。

〈名詞 ① ＋前置詞＋名詞 ②〉という組み合わせになる場合、
後ろの〈前置詞＋名詞 ②〉は、前の〈名詞 ①〉の説明にすぎず、
話の中心はあくまで〈名詞 ①〉！

と覚えておきましょう。

こうした〈名詞 ①〉と〈前置詞＋名詞 ②〉の上下関係から、

「主語である〈名詞 ①〉に〈前置詞＋名詞 ②〉がくっついている場合、全部まとめて主語扱い！」

となります。
The people in Japan eat rice.
の場合、厳密に言えば、主語は**The people（人々）**だけど、**in Japan（日本の中の）**はそれを説明する「**お付の家来**」みたいなものだから、**The people in Japan を全部ひとまとめにして主語扱い**ということですね。

目的語にも、補語にも、前置詞の後ろの名詞にも……

〈前置詞＋名詞〉というカタチを後ろに続けられるのは、主語だけではありません。

I know a cute girl with blue eyes.
（ボクは青い目のかわいい女の子を知ってるよ。）

のように、目的語の後ろにも〈前置詞＋名詞〉を続けることは可能です。さらに！

This is a present for you.
（これはアナタのためのプレゼントです。）

のように、補語に当たる名詞の後ろに〈前置詞＋名詞〉をくっつけることも可能だったり、さらにさらに！！

We looked at a picture of a mountain.
（私たちはある山の写真を見た。）

のように、〈前置詞＋名詞〉（ココでは at a picture）のその後ろにさらに〈前置詞＋名詞〉（ココでは of a mountain）をくっつけることも可能だったりします。

……要するに、「名詞を見たら、〈前置詞＋名詞〉というカタチを後ろにくっつけられると思え」ってことですね。主語だろうと、目的語だろうと、補語だろうと、あるいは前置詞の後ろの名詞だろうと、とにかく名詞であればなんでもOK。どんな名詞の後ろにでも、〈前置詞＋名詞〉をくっつけて、前にある名詞を後ろから説明することが可能なのです。

ただし、ココでひとつ注意点。

1. **I know a cute girl with blue eyes.**
（ボクは青い目のかわいい女の子を知ってるよ。）
2. **I saw a cute girl in the park.**
（ボクは公園でかわいい女の子を見ました。）

という２つの英文は、どちらも見た目は同じカタチですよね。つまり、主語があって、動詞があって、目的語である **a cute girl** という名詞があって、さらにその後ろに**〈前置詞＋名詞〉**が続くというカタチ。
でも、上の２つの文には、**大きな違いがある**んです！

……どこが違うかって？

ヒントは、**〈前置詞＋名詞〉**の部分と、その前にある **a cute girl** という目的語の関係の深さです。おそらく、
「**何か１の with blue eyes の方が、２の in the park よりも、a cute girl との結び付きが深そう！**」
と感じる人が多いと思います。……とは言え、ココは個人の感覚による部分が大きいので、中には、「**……感じねーよ**」と心の中でつぶやいた人も何人かいるかも。
そんな人たちにも違いを感じてもらうために、ココでチョット実験をやってみましょう。名づけて「**〈前置詞＋名詞〉移動ショー**」。

ハイ、みなさん、〈前置詞＋名詞〉を目的語（a cute girl）からブチっと切り離して、思い切って文の冒頭へとググーッと移動させてみてねー。

「**……おいおい、そんなことして大丈夫なんかい？**」

って心配する人もいるかもしれないですね。実はそれがこの実験の目的だったりして。さあ、自分の目で確かめてみましょう！

1. **I know a cute girl with blue eyes.**
→ With blue eyes I know a cute girl.

何だかコレだと、「**青い目と一緒にかわいい女の子を知っている**」みたいな意味になるような気がしませんか？　何か変ですよね。
つまり！　移動させたらダメっぽい…… _|￣|○

気を取り直して、実験再開。今度は**2**の英文の**〈前置詞＋名詞〉**を文頭に移動させてみましょう。

2. I saw a cute girl in the park.
→ In the park I saw a cute girl.

こっちは「**公園で、ボクはかわいい女のコを見た**」って意味になりそうですね。元の文と意味が変わらない感じ。
何かコレならイケそう！ \(^o^)/

結びつきの強さの違いを感じましたね？（と、強引に迫ってみる）

要するに、同じ**〈名詞 ①＋前置詞＋名詞 ②〉**というカタチでも、**〈前置詞＋名詞 ②〉**の部分が**〈名詞 ①〉**と強く結びついている場合と、そうでない場合があるということです。
結びつきが強くない場合、**〈前置詞＋名詞 ②〉**を前にある**〈名詞 ①〉**と切り離して訳すこともできるし、逆に結びつきが強い場合は、**〈名詞 ①＋前置詞＋名詞 ②〉**をひとつの名詞感覚で（**〈前置詞＋名詞 ②〉**が後ろから前にある**〈名詞 ①〉**を説明するやり方で）訳す必要アリ。

……まあ、実際問題、そんなに気にするようなことじゃないんですけどね。前の名詞と結びつけて訳しても、切り離して訳しても**どっちでもイケてしまう**場合がほとんどだったりして……。

ただ、一方の訳し方で「**アレ、何かコレ変な意味だぞ**」と気になった場合は、もう一方のパターンを試してみるようにしてください。そういうときのために、こういう知識が意識の片隅にあるのとないのでは大違いですから。

〈前置詞＋名詞〉が主語より前に置かれる場合

I saw a cute girl in the park.
（ボクは公園でかわいい女の子を見ました。）

のような、前にある名詞（a cute girl）と後ろにある**〈前置詞＋名詞〉**（in the park）の結びつきが強くない文の場合、**〈前置詞＋名詞〉**の部分を、

In the park I saw a cute girl.

のように文の頭に出すことができるというのは、すでに述べた通り。

そして、この手の**〈前置詞＋名詞〉が主語よりも前にくるカタチ**は、実際の英文では**結構、頻繁に登場したり**します。

ただし！　〈前置詞＋名詞〉が主語より前の位置にくる場合は、ちょっと**注意が必要**です。

> **Q** 次の英文を日本語に直してみてください。
>
> In the morning students study at school.

一瞬、「……**ん？**」と時間が止まってしまった人もいるのでは？

まず、第一の注意点。
動詞の前にあっても、〈前置詞＋名詞〉は主語になれません！
だから、**〈前置詞＋名詞〉が主語より前の位置にくる場合**は、どこまでが**〈前置詞＋名詞〉**でどこからが「**主語**」か、それを見抜く作業が最初に必要になります。でも、

「どこまで〈前置詞＋名詞〉で、どこから主語なのかわかりづらい！」

のも、このカタチの特徴だったりするんですね。対策としては、

「〈前置詞＋名詞 ①＋名詞 ②〉というカタチになっている場合、『名詞 ①』と『名詞 ②』の境目が、意味の上での切れ目になることが多い！」

と覚えておくこと。
その法則に合わせて考えると、この英文の場合、In the morning（午前中）という意味の〈前置詞＋名詞 ①〉と students（学生たち）という「名詞 ②」に分かれる感じになりますね。でも、ココで、

「『午前中の生徒が学校で勉強する』？？」

とか思いっきり読み間違ったりしないように。
「〈前置詞＋名詞〉は、後ろから前にある名詞を説明するのが英語流」
でしたよね。逆に言えば、
「〈前置詞＋名詞〉は、後ろにある名詞は説明できない」
ということだったりします。
はっきり言って、〈前置詞＋名詞 ①＋名詞 ②〉というカタチの〈前置詞＋名詞 ①〉とその後ろにある「名詞 ②」は赤の他人みたいなものです。

「だったら、ココにある〈前置詞＋名詞〉って何よ？」

と不思議に思う人は、ココで前回の「〈前置詞＋名詞〉移動ショー」を思い出してください。
「〈前置詞＋名詞〉が前にある名詞と結びつきが強くない場合、切り離して文の冒頭に動かすことができる！」
ということは、
「どことも強く結びついてない（浮いている）〈前置詞＋名詞〉は文の頭に入れてもいいし、文の最後に回してもいい！」
ということだったりします。と、ココで再び「〈前置詞＋名詞〉移動ショー」。

ハイ、今度は、冒頭の〈前置詞＋名詞〉を思い切ってググーッと文の最後に移動させてみてねー。

つまり、

Students study at school in the morning.

となりますね。コレだとわかりやすいんじゃないでしょうか？
結局、この文の意味は、

「**午前中（は）、学生たちは学校で勉強する**」

みたいな感じになるんですね。
要は、**〈前置詞＋名詞〉が主語より前の位置にくる場合、どことも結びつけずに、プラッと浮いた感じ（独立した感じ）で訳す**ということです。

今回、出した英文は短かったし、「**余裕！**」だった人も多いかもしれませんが、これから先に進むにつれて、もっとわかりづらい文も出てきます。
そんなときのために、ここでの考え方をしっかり覚えておいてください。

「ふくしゅう」宿屋……7泊目

「**前置詞！**」は**〈主語＋動詞＋その他〉**という英語の基本のカタチにプラスアルファの意味を加える上で、最も初歩的なアイテム。前置詞を上手に使えば、いろいろな情報をつけ足すことができるし、逆に言えば、「**前置詞のせいで英語はどんどん複雑なカタチになる……**」ということだったりします。ココでは、そんな前置詞の新機能、**〈前置詞＋名詞〉が前にある名詞を説明する**って働きをしっかりマスターしましょう。

Q 日本語の内容に合う英文を書きましょう。

1. イチローはカナダでたくさんのイケてる（neat）家を見た。
2. ボクの兄さんはストロベリーソース（strawberry sauce）の（かかった）アイスクリームが好きじゃない。
3. あの町の人たちはその戦争の前は日本人に親切でした。
4. ボクたちは車で山口から青森まで行きました。
5. その自動車工場の近くの湖は大きいのですか？

ここで前置詞と「**STEP 7**」の内容を簡単におさらい。
ポイントをアタマに叩き込んだ上で、満足のいく英文ができあがったら、p.160の「**解答と解説**」へ。

前置詞のココに注意！

そのゼロ（大前提）：英文の中で前置詞ナシで名詞を入れることができるのは、主語、目的語、補語の位置だけ。それ以外の場所にさらに名詞を続けるには、必ず接着剤代わりの前置詞が必要！
⇒ただし、何と何をどういうふうにくっつけるかによって、**いろいろな前置詞を使い分ける**必要アリ。前置詞の細かいニュアンスや使い分けについては、p.90を参照。

その1：〈前置詞＋名詞〉というカタチは後ろから前にある名詞を説明する！（主語だろうと、目的語だろうと、補語だろうと、あるいは〈前置詞＋名詞〉であろうと、どんな名詞の後ろにでも〈前置詞＋名詞〉をくっつけられる）

●主語の後ろに〈前置詞＋名詞〉の例
The girl with black hair was in the park.
（その黒髪の少女は公園にいました。）
●目的語の後ろに〈前置詞＋名詞〉の例
I saw the girl with black hair in the park.
（ボクは、その黒髪の少女を公園で見ました。）
●補語の後ろに〈前置詞＋名詞〉の例
She was a girl with black hair.（彼女は、黒髪の少女でした。）
●〈前置詞＋名詞〉のさらにその後ろに延々と〈前置詞＋名詞〉の例
I listened to the song about a girl with black hair.
（ボクは黒髪の少女についての曲を聴きました。）

その2：たとえ名詞の後ろに〈前置詞＋名詞〉があっても、意味的な結びつきが薄ければ、切り離してしまうこともできる！
例：**I met the girl in the park.**
→ **In the park I met the girl.**
（ボクはその少女と、公園で出会った。）

その3：〈前置詞＋名詞〉が文の頭に入る場合、次の2点に注意！
A.〈前置詞＋名詞〉は主語になることができない！（主語になるのは〈前置詞＋名詞〉の後ろの名詞）
B.〈前置詞＋名詞〉は前にある名詞を説明することはできるが、後ろにある名詞を説明することはできない！　したがって、文の頭にある〈前置詞＋名詞〉は、どことも結びつけずに、独立した感じで訳す！

解答と解説

1. イチローはカナダでたくさんのイケてる家を見た。

→ Ichiro saw a lot of neat houses in Canada.

文の主語は「**イチロー（Ichiro）**」、文の結論は「**見た**」ですね。日本語の「**見る**」は、英語では see と look という２通りの一般動詞で表せますが、**look** は「**意識して見る**」、**see** は「**勝手に視界に入ってくる、見える**」といったニュアンスなので、ココでは see の方が適切。「**見た**」なので **see** を **saw** という過去のカタチに変えるのを忘れないこと。see は後ろに名詞をひとつ（前置詞ナシで）続けることができる他動詞なので、「**たくさんのイケてる家**」を表す **a lot of neat houses** をそのまま後ろに続けます。ちょっと長いけど、この１セット（**a lot of neat houses**）が名詞ひとつ分の感覚。残るは「**カナダ（Canada）**」ですが、こういう浮いている名詞は接着剤代わりの前置詞を使って、英文にくっつけます。この場合、使う前置詞は in が適切。**in Canada** の位置は文の頭でも終わりでも、どちらでもOK。

2. ボクの兄さんはストロベリーソースの（かかった）アイスクリームが好きじゃない。

→ My brother doesn't like ice cream with strawberry sauce.

文の主語は「**ボクの兄さん（my brother）**」、文の結論は「**好きじゃない**」となります。この結論は一般動詞の **like を否定のカタチ**にすればOK。ひさしぶりの現在時制ですが、否定文のつくり方を覚えていますか？　ココでは、主語が My brother なので、**doesn't** を **like** の前に入れます。
問題は「**ストロベリーソースの（かかった）アイスクリーム**」という部分ですが、コレは「**ストロベリーソースがついた／一緒になっているアイスクリーム**」と読み換えて、前置詞 **with** を使って表します。つまり、**〈前置詞＋名詞〉（with strawberry sauce）**が後ろから**名詞（ice cream）**を説明するパターン。したがって、**ice cream with strawberry sauce** と表せばOK。**〈前置詞＋名詞〉**は後ろからしか**名詞（ice cream）**を説明できないので、順番を間違えないこと。

3. あの町の人たちはその戦争の前は日本人に親切でした。

→ **The people in that town were nice to Japanese people before the war.**

ココから急に難しくなります。主語は「**あの町の人たち**」ですが、コレは「**あの町の中の人たち**」と読み換えて、**〈前置詞＋名詞〉**を使って表すのがカギ。したがって、**the people in that town** とします。
次に、この文の結論である「**(日本人に) 親切でした**」は、be 動詞の過去形と形容詞の nice の組み合わせで表します。nice の代わりに kind を使っても通じますが、p.112でも説明した通り、単に「優しい／親切だ」と伝える場合、英語では nice を使う方が自然です。主語が the people なので be 動詞のカタチは were。で、**形容詞の後ろに〈前置詞＋名詞〉を続けるカタチもアリ**でしたよね？（p.96も参照）「**…に対して親切だ**」は **be nice to ...** なので、「**日本人（Japanese people）**」は前置詞 to の後ろに続けます。
残るは「**その戦争の前は**」ですが、こういうプラッと浮いている要素は、**〈前置詞＋名詞〉**のカタチで文の中に入れればOK。「**…の前**」を意味する前置詞は **before ...** なので、**before the war** となります。位置は文の終わりでも文のはじめでも、どちらでもOKです。

4. ボクたちは車で山口から青森まで行きました。

→ **We went from Yamaguchi to Aomori by car.**

文の主語は「**ボクたち（we）**」で、文の結論となる「**行きました**」を **go の過去形である went** で表すっていうのは大丈夫ですよね。問題はココから。
go はたいてい **go to ...（…へ行く）**のように目標地点とセットで使うのですが、ココでは「**山口から青森まで（行きました）**」のように目標地点だけでなく出発地点も一緒に入っています。こういう場合、**go from Yamaguchi to Aomori（山口から青森まで行く）**のように、「**…から（from ...）**」を前、

「…まで（to ...）」を後ろに入れて表すのが普通。**from A to Z**（**Aから Zまで**）というカタチで覚えておきましょう。「**車で**」のような交通手段は **by** という前置詞を使うので、これらを組み合わせて、**went from Yamaguchi to Aomori by car**（**山口から青森まで車で行った**）とすれば正解。……なんですが、実は「**車で行く→車を運転して行く**」と読み換えれば、同じ内容を **drive**（過去形は **drove**）という一般動詞一語でも表せたりします。その場合、**We drove from Yamaguchi to Aomori.** とすればOK。

5. その自動車工場の近くの湖は大きいのですか？

→ Is the lake near the car factory big?

まず文の主語が「**その自動車工場の近くの湖**」ですが……、「**長っ！！**」ですよね。ひとつひとつ見ていきましょう。まず「**その自動車工場**」が **the car factory**、「**近くの**」が **near**、「**湖**」が **(the) lake** となります。でも、こうも長いと「**英語ではどういう順番で並べればよいのやら**」と途方に暮れてしまう人もいるかもしれません。ポイントは**「近くの」を意味する near が前置詞**だということ。元の日本語の文は、

「**その自動車工場の近くにある（説明）→湖（こっちは説明の対象）**」

という順番ですが、

「**英語の〈前置詞＋名詞〉は前にある名詞は説明できても、後ろにある名詞を説明することはできない！（日本語とは説明の順番が逆になる）**」

のだから、英語に直すときには、説明の流れをひっくり返す必要アリ。ココでは **the lake**（**湖**）を前に、**near the car factory**（**工場の近くの**）という**〈前置詞＋名詞〉**のカタチを後ろに回して、**the lake near the car factory** という順番にします（ちなみに、**the car factory near the lake** とすると、「**湖の近くの自動車工場**」という意味）。

文の結論は「**大きいのですか？**」となっているので、**be 動詞と形容詞 big の組み合わせ**ですね。主語が **the lake** なので be 動詞のカタチは **is**。疑問文にするのを忘れないこと。

STEP 8

掟(おきて)破りのカタチ

英語ワールドの掟（おきて）破りたち

ここまでに、
「**英語の基本のカタチは〈主語＋動詞（＋その他）〉**」
とか、
「**とにかく英語の文には、『…は』に当たる名詞と、動詞が１個ずつ必要！**」
みたいな「**お約束！**」をいろいろと紹介して、問題を出すときには、
「**この英文は英語の『お約束！』に違反しているからダメ！**」
という進め方をしてきました。

しかし！　実は英語にはこういう重要な「**お約束！**」を覆す裏技みたいなヤツもいくつかあるのです。
正確に言うと、ココから紹介する新しい種類の言葉や、新しい文のカタチを使ったりすれば、英語ワールドの大切な「**お約束！**」に違反しても、
「**ちっ、しょうがねーなぁ**」
と見逃してもらえる感じ。

言ってみれば、ココから紹介するのは、「**英語ワールドの掟破り！**」を見逃してもらうための「**特別許可証！**」みたいなものなのです。

and / but / or

Q 次の日本語の文を英語に直してみましょう。

ケンジとボクは一緒に昼ご飯を食べた。

正解は、

Kenji and I ate lunch together.

となるのですが、コレはあっさり「**正解！**」できてしまった人も多いのでは？　だって、この「**アンド（and）**」って単語、今までにこの本の中では扱ってなかったけど、半ば日本語化しているようなところがありますもんね。

しかし！　ココでは、みんなが普段、何気なーく使っている「**and の役割にあらためて注目！**」です。
and の役割は、**A and B** のようなカタチで、**両サイドにまったく同じレベルのものを並べてつなぐ**こと。こういう「**天びん**」みたいな役目をする品詞のことを、難しい専門用語では「**等位接続詞！**」と呼んだりします。

「**……ウッ、その名前だけで挫折しそう…… _|￣|○**」
という人は次のように考えればOK。

名詞と名詞のような同じレベルのものは、
and のような等位接続詞を使えば、何でもつなぐことができる！

等位接続詞の代表格は次の通り。

A and B →「AとB」のように、2つの要素を対等に結ぶ
A but B →「AだけどB／A、しかしB」のように、AとBには反対の内容のものが入る
A or B →「AかあるいはB」のように、選択の対象になるものがA、Bに入る

さて、**本題はココから**。こうした **and / but / or** のような等位接続詞を使うと今までの英語ワールドの「**お約束！**」を覆すことだって、できてしまうんですよ。例えば、

He listens to rock music but doesn't listen to classical music.
(彼はロックは聞くけど、クラシックは聞かない。)

という具合。これを見て、何か気づきませんか？

「**ひとつの英文に listens と (doesn't) listen という 2 つの動詞がある！**」

と気づいた人は大正解。
つまり、ココで新しく登場した接続詞ってヤツを使えば、
「**動詞はひとつの英文に1個だけ**」
という英語ワールドの大原則を無視して、**ひとつの英文の中に2個の動詞を入れることだってできる**のです。もっと言うと、

Yuka is cute, smart, sweet, and rich.
(ユカはかわいくて、頭がよくて、優しくて、オマケにお金もちなんだ。)

って具合に、**コンマ**（「**,**」のことです）を使えば、**いくらでもノロケられる**……じゃなくて、**いくらでも同じレベルの要素をつなげる**ことができます！

カタチとしては、コンマを使って
A, B （, C, D, E, ...,） and Z

のようにドンドン並べていって、最後に入る要素の前に **and** を入れるだけ。なお、接続詞の前には、コンマを入れても入れなくてもかまいません。

先の例文では cute や smart のような形容詞が並んでいましたが、その気になれば、動詞でも同じことが可能。つまり、
「ひとつの英文に動詞が 3 個以上！」
という事態も理論上はあり得るわけです。……まあ、そこまでたちの悪い英文は滅多に出てこないんですけどね。とりあえず、

and / but / or を使う英文では、動詞は 1 個だけとは限らない！

とだけ、覚えておきましょう。
さて、慣れるためには「練習あるのみ！」ということで……、

Q 次の英文を日本語に直してみてください。

1. Jeff and Jane don't eat fish.
2. They are poor but happy.
3. I like this song but Masayuki doesn't (like it).
4. Do you eat in or take out?

1 は主語に当たる名詞、Jeff と Jane を and が結んでいます。どちらも人の名前、同じレベルの要素ですよね。正解は、

1. ジェフとジェーンは魚を食べない。

となります。答えとは関係ないけど、この英文では **and を使うことで主語が 2 人（複数扱い）** になり、doesn't ではなく、don't を使っている点に注意。

2で登場している **but** は「A**だけど**B、A、**しかし**B」のように、反対の内容を結びつける等位接続詞。ここでは、**poor（貧しい）**と **happy（幸せな）**という対照的な形容詞が並んでいます。よって、正解は次の通り。

2. 彼らは貧しいけど幸せだ。

3は、またまた but の登場ですが、何とこの文では、**but の前後で、〈主語＋動詞＋目的語〉というカタチが2回も登場**しています。
「**等位接続詞は、同じレベルのものであれば、とにかく何でもつなげる！**」ので、名詞と名詞、動詞と動詞、形容詞と形容詞だけでなく、**〈主語＋動詞（＋その他）〉というカタチ、つまり、文そのものも結びつけることができる**わけです。ですから、この文は、

3. ボクはこの曲が好きだけど、マサユキはそうじゃない。

のように訳せばOK。最後の like it がカッコに入っているのは、前半に登場した like this song と同じ内容の繰り返しだから。接続詞の後ろでは、このように前半との共通部分を省略することがよくあります。

4では、「A**かあるいは**B」のように「**選択の対象**」を結びつける **or** が登場。ここで「選択の対象」となっているのは、**eat in（中で食べる）**か **take out（外へもっていく→もち帰る）**か。接続詞を使って、ひとつの文の中にふたつの動詞を入れる「**掟破りのパターン**」ってヤツですね。正解は、

4. 中で食べるの？ それとももち帰るの？

となります。実は、海外のファストフードのお店では、しょっちゅうこういう感じで質問されます。このほかにも、同じ意味で、
For here or to go?
という文法ルールを無視したような表現もよく使われます。

「…しろ！」って言ってみる

Q 次の英文を日本語に直してみてください。

You touched my face.

答えは、
「あんたは私の顔に触った」
となります。
「簡単すぎ！」ですか？　では次の英文はどうでしょう？

Q 次の英文を日本語に直してみてください。

Touch my face.

「……何コレ？」
と思った人も中にはいるでしょう。

何と言っても、この英文の特徴は
「主語がない！」
「いきなり動詞ではじまってる」
というトコロ。

「そもそもこの英文が間違ってんじゃないですかァ？　『英語の基本のカタチは〈主語＋動詞（＋その他）〉』という『お約束！』に違反してるしィ」

という人のために一応、言っておくと、このタイプの英文は**「命令文！」**と呼ばれるれっきとした英文のカタチのひとつ。ここまで、否定文、疑問文、そして肯定文（普通の文）といういろいろな文のカタチが出てきましたが、この「命令文」もそうしたバリエーションのひとつなんです。
そして、**「命令文」は、その名の通り、「…しろ」と人に何かを命令するときに使います**。ですから、先の英文も、
「顔に触れ」
という「命令」の意味に解釈すればOK。命令文の特徴は次の通り。

命令文は、主語が入らず、いきなり動詞ではじまる！
さらに、その動詞は必ずスッピン状態（原形）になる！

何で主語が入らず、いきなり動詞ではじまるのかっていうと、この「命令文」っていうヤツは、命令は命令でも、特に目の前にいる人に「**…しろ**」って命令するときに使うカタチなんですね。だから、
「目の前のアンタに言ってんだから、いちいち主語なんて入れんでもわかるでしょう？」
っていうか、そんな感じ。

それから前にも説明しましたが、**「動詞のスッピン状態」**っていうのは、**「-(e)s とか余分なものの付いていない動詞の現在形！」**のこと。これを**「動詞の原形」**といいます。辞書とかにも、動詞は必ずこういうスッピン状態で載ってますね。

ただし！　一般動詞の場合は現在形と同じカタチですが、**be 動詞を命令文で使う場合は、 be というカタチにして文頭に出す**ので要注意。
「**今さら……**」な感じもしますが、スッピン状態が be だから、be 動詞って呼ばれているわけです。

Q 次の英文を日本語に直してみてください。

1. Look at the picture.
2. Be smart.

「どっちも主語ナシで、動詞の原形ではじまっているから命令文！」
ですよね。**1** は、

1. その絵（写真）を見なさい。

という意味。主語がなくて、動詞が原形という以外は普通の文と同じという点に注目。動詞（look）から後ろはいつも通りの語順ですよね。

2 は be 動詞の原形、**be** の後ろに、**smart（賢い、賢明な）**という形容詞が続いているので、

2. 賢くなれよ（あんまバカな真似するなよ）。

という意味の命令文になります。

ちなみに be 動詞を使う命令文は日本語に訳すときよりも、英語に訳すときの方が混乱する可能性高し。というのも、
「賢くなれよ（あんまバカな真似するなよ）。」
みたいに日本語の方には、「**なる**」とか「**する**」という言葉が入るせいか、
「一般動詞を使う文？」
みたいに勘違いしてしまう人が多いんですね。
You are quiet.（あなたって静かね。）
のような be 動詞を使う文（つまり、文の結論を一般動詞で表せない文）の主語をなくして、be 動詞をスッピン状態にすれば、それだけで、

Be quiet!（静かにしろ！）

みたいな「**しろ**」とか「**なれ**」とかいう意味の命令文の出来上がり。慣れないうちは、まずは普通の文のカタチにしてみて、
「結論を一般動詞で表せるか、表せないか（be 動詞を使う文かどうか）」
考えるようにするといいかも。

「**する**」とか「**しろ**」が話題になったところで、ココでもう一問。

Q 次の英文を日本語に直してみてください。

Do your homework right away.

＊ヒント！ **right away** は「すぐに、さっさと」という意味。

答えは、
「アナタは宿題をさっさとやりますか？」
じゃ、ありません！
よーく見てください。文の頭の Do を疑問文の do だと考えると、この文には「**動詞がない！**」ことになってしまいますよね。それに主語が **your homework（あなたの宿題）**だとすれば、do じゃなくて **does** ってカタチになるはずです。

実はこの文頭に入ってる **Do** はこれまでに出てきた「**一般動詞の入る文を疑問文にしたり、否定文にしたりするときに使う記号としての do**」とは別物で、「**『…をする』という意味の一般動詞としての do**」だったりします。
つまり、
「do には 2 種類ある！」
んですねぇ。
「紛らわしー！」
ですよね、まったく（ブツブツ）。ということで、この文は、

「（自分の）宿題をさっさとやってしまえ！」

という意味の命令文になります。

ちなみに、この「…**をする**」という意味の **do** は、「**する**」ものが「**スポーツ、楽器の演奏以外のとき**」に使われます。
「**(スポーツ、楽器の演奏) をする**」を表すのは、もちろん **play** です。
つまり、日本語では同じ「**する**」でも、**英語の「する」は、場合によって使い分けが必要**ということ。気をつけてください。

「…するな！」って言ってみる

さて、命令文の中には、「…するな、…してはいけない」という**何かを禁止する命令文**もあります。カタチはカンタン。

Don't open the window.（窓を開けるな。）

のように、「…しろ」という意味の、普通の**命令文のはじめに don't を入れるだけ**。それ以外の部分は、普通の命令文とまったく同じカタチです。

> **Q** 次の英文を「…するな」という意味の命令文に直してみてください。
>
> **1.** Look at the picture.
> **2.** Be smart.
> **3.** Do your homework.

答えはそれぞれ、

1. Don't look at the picture.（写真を見るな）
2. Don't be smart.（賢くなるな。→生意気言うな。）
3. Don't do your homework.（宿題をやるな。）

となります。

でも、中には**2**の英文を見て、「**あれっ？**」と思った鋭い人もいるのでは？
この本の中では、これまで、

「**don't / doesn't は一般動詞を使う文を否定のカタチにする場合に使い、be 動詞を使う文を否定のカタチにする場合は、be 動詞の後ろに not をつける（be 動詞を使う文では do や does は使わない）**」

と言ってきたからです。
しかし！ 実は**「禁止の命令文」だけは例外**なんです。
「**禁止の命令文**」だけは、たとえ be 動詞を使う文でも、

Don't be noisy.（うるさくするな。）

のように、**don't と be 動詞が共存しちゃってOK**。つまり、

> **禁止する命令文は、どんな文でも（たとえ be 動詞が入る文でも）必ず Don't ではじめる！**

ということです。ちなみに be 動詞を否定のカタチにする要領で、

× **Not be noisy.**
× **Be not noisy.**

みたいな英文をつくったら、**容赦なく×（バツ）される**ので注意してください。

3. Don't do your homework.（宿題をやるな。）

も **do** が2個も続けて出てくる感じが、慣れないうちは「**ちょっと気持ちワルイ**」かもしれませんが、こんなカタチもまったく問題ナシ！
ちなみに前回説明したように、**do** を一般動詞で使うと、「**（スポーツ・楽器の演奏以外）をする**」という意味になるので、

Do you do the laundry every day?（アナタは毎日洗濯をしますか？）

みたいな疑問文もアリだったりします。do が連続する英文にも慣れておくようにしてください。

「……**でも、『…しろ』とか『…するな』とかいう言い方、チョット乱暴**」と気にする育ちのいいみなさんも、このボクの本の読者の中には、きっといるはず！　……いや、いることに「**してください**」。
というわけで、「**…してください、…しないでください**」のような「**丁寧な命令文、丁寧に依頼する文**」にする場合、これもカタチは簡単で、

Please open the window.
Open the window, please.

のように、命令文のはじめか、終わりに **please** という語をつけるだけでOK。ただし、pleaseを文の最後につける場合は、「**, please**」のように、コンマ（,）で区切ってからつけるのが普通です。

ただし、「**please をつければ、それだけで丁寧な頼み方になる**」という**わけではありません**。命令文の内容が相手の利益になる場合などは、pleaseをつけないカタチを（「命令」というよりも）「お願い・提案」のニュアンスで使うこともあります。また、日本語と同じように**丁寧さは言い方や声の調子でも表せます**。ですから、
「**please は、あくまでも命令文の丁寧さを表すオプションのひとつ！**」
と考えるようにしましょう。

「…しよう」って誘ってみる

英語で「**…しよう**」とだれかを誘う場合、**let's** という表現を使います。

Let's go to school.（(一緒に) 学校へ行こう。)

という感じ。でも、この文をよく見ると、

第一に、**主語がない！**
第二に、**動詞**（go）**がスッピン状態（原形）！**

……ということで、実は **let's を使った文も命令文のバリエーションのひとつ**だったりします。細かく言うと、この let's というカタチには、いろいろと複雑な事情もあるのですが、とりあえずココでは、

> **「…しよう」を意味する〈Let's ＋動詞の原形〉は、命令文のバリエーションのひとつで、主語が不要！**

とだけ覚えておいてください。

Q 次の日本語の文を英語に直してみましょう。

1. 一緒に夕食を食べよう。
2. 一緒に何か楽しいこと（something fun）をしようよ。

正解はそれぞれ、

1. Let's eat dinner.
2. Let's do something fun.

となります。
どちらも「**主語ナシ、動詞は原形**」というカタチになる点に注意。
また、「**一緒に**」は **together** という「**どんなふうに…するのかを表す副詞**」でも表せるのですが、この **let's という表現そのものに「一緒に」というニュアンスが含まれる**感じなので、あえて together をつける必要はありません。

2の「**何か楽しいこと**」は、**something（何か）**という名詞の後ろに、fun（楽しい）という形容詞を置いて表します。普通、形容詞は名詞を前から説明するのですが、**something という名詞だけは、例外的に形容詞に後ろから説明してもらうんですね**。ぜひ覚えておいてください。

「ふくしゅう」宿屋……8泊目

ココでは、英文法を正しく「取り扱う」上で障害となる「英語界の掟破りたち」が揃いも揃って新登場。でも、
「今まで、覚えてきた細かい決まりは何だったんだ……_| ̄|○」
と、このトリセツを放棄しないでくださいね。英文法のルール違反が許されるのは、あくまでも特別な事情がある場合のみ。そうした特別な場合を除いて、このトリセツで紹介している英文法の決まりは「**ゼッタイ厳守！**」なんです。**一般的なルールとその例外の両方が揃ってはじめて、このトリセツは真価を発揮**します。

Q

次の日本語の文の内容と、それに対する英語の文について、英文が正しければ◯をつけ、間違っていれば正しい文に訂正しましょう。

1. 映画館では静かにしなさい。
Do quiet in a theater movie.

2. 一緒に行ってそれを見てみようよ
Let's go and see it.

3. 両親に頼るな！
Not depend your parents.

ここで「**STEP 8**」の内容を簡単におさらい。
ポイントをアタマに叩き込んだ上で、満足のいく英文ができあがったら、p.181の「**解答と解説**」へ。

英語ワールドの掟破りたち！

そのゼロ（大前提）：英語の基本のカタチは〈主語＋動詞（＋その他）〉で、英語の文には、必ず『主語』に当たる名詞と『文の結論』を示す動詞

がひとつずつ入る！！　なお、ひとつの英文に動詞は必ずひとつ必要だが、ひとつの英文に動詞が２個もあれば間違い！

その1：ただし、and / but / or などの「等位接続詞！」を使えば、名詞と名詞、形容詞と形容詞、〈前置詞＋名詞〉と〈前置詞＋名詞〉のような同じレベルのものは何でもつなぐことができる！
本来なら、ひとつの英文にはひとつだけのはずの動詞もその例外ではないし、同じレベルでさえあれば、〈主語＋動詞（＋その他）〉のような文のカタチそのものを and / but / or でつなぐことも可能！

●and が名詞と名詞をつなぐ例
I like coffee and tea.（ボクはコーヒーと紅茶が好きだ。）
＊ and は「AとB」のように、２つの要素を対等に結ぶ。
●but が〈動詞＋名詞〉と〈動詞＋名詞〉をつなぐ例
I like tea but don't like coffee.
（ボクは紅茶は好きだけど、コーヒーは好きじゃない。）
＊ but は「AだけどB／A、しかしB」のように、反対の内容のものを結ぶ。

その2：主語を入れずにいきなりスッピン状態（原形）の動詞で英文をはじめると、「…しろ」という意味の「命令文！」になる。なお、be 動詞の原形は be というカタチになるので注意が必要。

●一般動詞を使う命令文の例
Play tennis here.（ここでテニスをしなさい。）
●be 動詞を使う命令文の例
Be quiet.（静かにしろ。）

その3：命令文の頭に Don't を入れると「…するな」という意味の「禁止の命令文！」になる
例：Don't play tennis here.（ここでテニスをするな。）

その4：命令文の頭に **Let's** を入れると「**(一緒に) …しよう**」という「**勧誘！**」の意味になる

例：**Let's play tennis here.**（ここでテニスを**しよう**。）

解答と解説

1. 映画館では静かにしなさい。

× Do quiet in a theater movie.

→ ○ Be quiet in a movie theater.

日本語では「**しろ**」とか言うせいか誤解されがちですが、**結論を一般動詞で表せない文**（be 動詞を使う文）は、**Be ...** というカタチで、「**…しろ、…になれ**」という命令文になります。もっと言ってしまえば、日本語で「**…（な状態）になれ**」と言い換えられる命令文は、be 動詞を使う命令文になる可能性大です。

この問題も「**静か（な状態）になれ**」と言い換え可能なので、be 動詞を使う命令文となります。「**…しなさい**」という日本語に惑わされて、元の英文のように **do を使わないこと**。それから、「**映画館**」は、a theater movie ではなく、**a movie theater** となります。

2. 一緒に行ってそれを見てみようよ

○ Let's go and see it.

この文はこのままで正解。**〈Let's ＋命令文のカタチ〉**で、「**一緒に…しよう**」と目の前にいる人を誘うことができます。「**行ってそれを見てみよう**」という部分は、「**行く（go）**」と「**見る（see）**」というふたつの動詞を等位接続詞の and を使って結べばOK。**and / but / or などの接続詞を使えば、「ひとつの英文に動詞はひとつだけ！」という「お約束！」に違反しても見逃してもらえる**んでしたよね。**let's** の後ろなので、どちらの動詞も原形にするのを忘れないこと。なお、go はよく〈**go and 動詞の原形**〉というカタチで、「…**しにいく**」という意味で使われます。また、このカタチは、**Go get the ticket.（チケットを手に入れにいけ。）**のように、会話などでは and を省略して使われることもよくあります。

3. 両親に頼るな！

× Not depend your parents.

→ ○ Don't depend on your parents.

「**両親に頼るな**」のような**禁止の命令文**は not ではなく、**don't** ではじめます。また、**depend** は後ろに前置詞（on）を置かないと名詞を続けられない動詞。「**…に頼る**」を意味する **depend on ...** は、できれば丸暗記しておきましょう。

Q 日本語の内容に合う英文を書きましょう。

1. サチコはマサミの腕時計を踏んで（stamped on）壊した。

2. 魚と納豆は体と脳にいい。

3. 午前中、おじいさんは山へ行っておばあさんは川へ行った。

解答と解説

1. サチコはマサミの腕時計を踏んで壊した。

→ Sachiko stamped on Masami's watch and broke it.

文の主語は「**サチコ（Sachiko）**」。コレは問題ないでしょう。問題は文の結論となる「**（マサミの腕時計）を踏んで壊した**」の方。コレを表すには、「**マサミの腕時計を踏んだ（stamped on Masami's watch）**」と「**マサミの腕時計を壊した（broke Masami's watch）**」というふたつの**〈動詞＋目的語〉**を文に入れる必要アリ。「**ひとつの文に2個以上の動詞を入れるな**

ら、接続詞の出番！」ですよね。この場合は **and** を使えばOK。この言い方をする場合、同じ目的語（Masami's watch）を何度も言うのを避けるため、broke の後ろは it と表します。また、この文では、踏んだのも、壊したのも「マサミの時計」なので、

Sachiko stamped on and broke Masami's watch.

のように、動詞だけを and で結んで、目的語は1回しか出さない省エネ表現法でも可。なお「…を踏む」という意味の stamp は他動詞としても使いますが、この文のように「何かものを踏みつける」という場合は自動詞として（前置詞 on を挟んで）使うのが普通。「…を踏む」は、step on ... / tread on ... などもOK。また、「マサミの…」のように言うときには、Masami**'s** ... という感じで、人の名前の後ろに「**'（アポストロフィ）**」と **s** をつけるのが、決まりです。

2. 魚と納豆は体と脳にいい。

→ Fish and *natto* are good for the body and the brain.

この文の主語は「**魚（fish）**」と「**納豆（*natto*）**」で名詞がふたつ……、つまり「**接続詞の出番！**」です。「**AとB**」のようにふたつの内容を対等に結ぶ場合、接続詞は **and** を使えばOK。文の結論は「**(…に) いい**」ですが、これは一般動詞では表せない（**good** という**形容詞**を使う）ので、英語では **be 動詞**（主語が「魚と納豆（つまりふたつ）」なので **are**）を補ってやる必要アリ。ちなみに **be good for ...** で、「**…に（とって）いい**」という決まり文句です。で、何にいいのかと言えば、「**体（the body）**」と「**脳（the brain）**」というわけで、またしても名詞がふたつ。これも接続詞の **and** を使って結びます。

3. 午前中、おじいさんは山へ行って、おばあさんは川へ行った。

→ In the morning the old man went to the mountain and the old woman went to the river.

何やらどこかで聞いたような話ですが、ココでは「**おじいさんは山へ行った**」と「**おばあさんは川へ行った**」という**ふたつの文がくっついてひとつの文になっている**点に注目。接続詞を使えば、こういう〈**主語＋動詞（＋その他）**〉と〈**主語＋動詞（＋その他）**〉のような文そのもののカタチをつなぐことも可能。「**午前中**」というプラッと浮いている部分は、**in the morning** のように〈**前置詞＋名詞**〉のカタチにして、文の頭なり、終わりなりに入れておけばOKでしたよね。たまに、**In the morning the old man went to the mountain and the old woman (went to) the river.** のように、共通部分である went to が繰り返しを避けるために省略されることもあります。もっとも、文の途中を省くと「**何だかわかりにくい……**」ので、こういう省略はそれほど多くはないんですけど。

STEP 9

助っ人動詞？

「…できる！」

Q 次の英文を日本語に直してみてください。

He speaks English and Japanese.

「and で English と Japanese が結びつけられているから……
『彼は英語と日本語を話す』
という意味！」

ですね。では、ココで第２問。

Q 次の日本語の文を英語に直してみましょう。

彼は英語と日本語を話すことができる。

「簡単、簡単。さっきの『**彼は英語と日本語を話す**』っていう文に、『**ことができる**』ってのが加わっただけでしょ？　『**できる**』は英語で……えっと『**できる**』は英語で……**で、できん**　_|￣|○」

という人のために一応、ヒントを出すとですね、「**できる**」は、英語では **can** という語で表します。ですから、

He can speak English and Japanese.

とすれば正解。めでたし、めでたし、これにて「**おしまい！**」
……**じゃ、ないんです！　本題はココから。**

Q

He can speak English and Japanese.
(彼は英語と日本語を話すことができる。)

という文の can という単語の品詞は何でしょう？

「こういう主語と動詞の間とか、あり得ない位置に入って、分類が難しいヤツは副詞？」

と、考えた人は今までの内容をかなり深く理解している人。
でも、残念ながら**×（バツ）**です。上の英文をよーく見てください。

「主語が he なのに動詞の speak に -(e)s がついていない！」

ですよね？　実はコレ、**can という単語の影響**だったりします（副詞にそんな影響力はありませんでしたよね？）。
ココではっきり正解を言ってしまうと、この **can** という単語は、初登場となる「**助動詞！**」という品詞なんです。その特徴は次のふたつ。

1. 助動詞は主語と動詞の間に入る！
2. 助動詞の後ろの動詞は必ず原形になる！

助動詞とは、その名の通り、「**動詞を助ける品詞**」で、

He can speak English and Japanese.

の場合、**can** という助動詞が speak（話す）という動詞に「**できる！**」という意味を追加する役割をしています。心強い助っ人動詞、助動詞のおかげで、動詞の意味がさらに広がりました。めでたし、めでたし、今度こそ「**おしまい！**」

……でもないんです！

英語の助動詞には、実は大きな落とし穴があります。
例えば、日本語では「**彼はテニスができる**」と言えますが、英語で、
× **He can tennis.**
とか言ったら、容赦なく×（バツ）です。必ず「**(テニス) をする**」という意味の動詞、**play** を **can** の後ろに置いて、

○ **He can play tennis.**

としなければいけません。つまり、**英語の助動詞はあくまでも動詞を助けるだけで、動詞の替わりそのものはできない**ということ。**「英語の文には必ず動詞がひとつ必要！」という「お約束！」は助動詞が入る文でも一緒**なのです。
日本語に惑わされて、英語のルールを忘れてしまわないように！！

また、「**助動詞が入る文では、動詞は必ず原形（スッピン状態）になる！**」という点にも注意！　例えば、「**彼女はいつも上手に英語を話します**」という場合、

She always speaks English well.

のように、動詞（**speak**）に **-(e)s** をつけないといけませんよね。
でも、これに助動詞の **can** を加えて、
「**彼女は上手に英語を話すことができます**」
という場合、

She can speak English well.

のように、動詞（speak）は必ず原形にしないといけないのです。
と、ここでもう１問。

Q She can drive a car.（彼女は車を運転（することが）できる。）
という文を「彼女は車を運転できた」という過去の話にするとどうなるでしょう？

「ちなみに drive の過去形は drove ですよ〜」とか言うと、
「じゃ、She can drove a car.」
と**引っかかってくれる**人もいるかもしれませんが、これはれっきとした×（バツ）。正解は、

She could drive a car.

となります。つまり、「**…できる**」という文を「**…できた**」という過去の文にする場合、**動詞ではなく助動詞の can の方を過去形の could にする**のです。実は、**助動詞は動詞以外では唯一、時制の変化が認められた品詞**なんですね。そして**助動詞の後ろの動詞は必ず原形**。だから、
× **She could drove a car.**
のように、うっかり**助動詞と動詞の両方を過去形にしたりしない**ように。

助動詞を使う文では、**主語が何であろうと動詞はスッピン状態（原形）だし、いつの話だろうと動詞はやっぱりスッピン状態**です。でも、コレって、考えようによっては、**ラクな話**ですよね。ある意味、倦怠期のカップ……、いや、何でもないです。
とにかく、意味の面でもカタチの面でも、助動詞は動詞に対する助っ人としての役割を果たしてくれるっていうことですね。

「これから…する！」

英語の助動詞は「…できる」という意味の can だけではありません。
例えば、「**未来の話！**」をする場合には、

After school we will go to the new department store.
（放課後、私たちはその新しいデパートへ行きます。）

のように、**will** という助動詞の力を借りれば、「**これから…する**」という**未来のニュアンス**を表せます。
この will も can と同じ助動詞という品詞なので、もちろん、
「**入る位置は主語と動詞の間！　助動詞の後ろの動詞は必ず原形！**」
という点は一緒。
とはいえ、**will** と **can** にはちょっとした違いもあります。
「**will には（can と違って）主語とくっつく短縮形がある！**」
のです。例えば、

I'll ... / we'll ... / you'll ...

といった具合。つまり、**will** を「**'ll**」**と略して、主語にくっつけたカタチ**で使われることもあるのです。実際、会話なんかでは、ほぼ必ずこっちの短縮形の方が使われます。

なお、英語には will 以外にもいろいろと未来を表す表現があって、**will** は中でも「**よし。じゃあ、ボクは…しよう！**」という感じの、「**今、その場で決めた／計画性がない未来の話**」をするときに使われます。

助動詞を使う場合の否定文と疑問文

Q 次の日本語の文を英語に直してみましょう。

1. サトミはギリシャ語（Greek）を話すことができない。
2.（アナタは、今から）お風呂に入り（take a bath）ますか？

「えーと、『**できる**』は **can** っていう助動詞、『**これから…する**』って『未来の話』は **will** って助動詞を使って表すんだよね。つまり、コレは助動詞を使う文を否定や疑問のカタチにする問題だから……、
ナラッテナイヨ……＿|￣|○」

というみなさんのために、あっさり答えを出してしまうと、

1. Satomi can't speak Greek.
2. Will you take a bath?

という感じになります。もう答えを見たら一目瞭然ですよね。つまり、

助動詞（can や will など）を使う文では、
1. 否定のカタチは、助動詞に not をつける！
2. 質問するときは、助動詞を文頭に入れる［出す］！

ってことです。

ココで復習。
英語の否定のカタチと質問するカタチは、一般動詞を使う文と be 動詞を使う文でパターンが違うのでしたよね。次のような感じ。

重要

★英語の否定文・疑問文のカタチ

●一般動詞を使う文→否定する場合は、do / does / did の後ろに not をつけて主語と動詞の間に入れる。質問する場合は、do / does / did のどれかを主語の前に入れる

●be 動詞を使う文→否定する場合は、be 動詞の後ろに not を入れる。質問する場合は、be 動詞を主語の前に移動させる

can、will などの助動詞は、一般動詞を使う文、be 動詞を使う文のどちらにも入れることができます（be 動詞を使う文に助動詞を入れる場合、be 動詞は必ず **be** というカタチ）。**そして、助動詞が入った文を否定／疑問のカタチにする場合、上のようなややこしい一般動詞／ be 動詞の違いは一切抜きにして、助動詞を最優先して考えればOK！** つまり、

否定文だったら助動詞の後ろに not！
疑問文だったら助動詞が主語の前！

ただそれだけ。そして動詞の方はといえば、

We will not play baseball tomorrow.
（私たちは、明日は野球をしません。）
Can Satomi speak Greek?
（サトミはギリシャ語を話すことができますか？）
Will it be sunny tomorrow?（明日は晴れるかな？）

といった具合にスッピン状態（原形のまま）でポツンと文の中に座っていればいいわけです。つまり、助動詞を使う文を否定／疑問のカタチにする場合、
「一般動詞を使う文だから、do / does / did のどれかなんかだけど、主語が he だから、この場合……」
とか、

「be 動詞で過去の話で、主語が I だからえっと……」
とか、そういうややこしいことを考える必要は一切ナシ。
助動詞さえ文の中にあれば、動詞はかなりラクできるんです！

なお、**can に not をつける場合、cannot もしくは、can't というカタチ**になります。can not のように can と not を離して書くことはできません。
また、**will に not をつける場合、なぜか短縮形は willn't ではなく、won't というカタチ**になります。つまり、will には「**'ll**」と略して、**I'll ... / we'll ... / you'll ...** のように主語をくっつけるカタチと、will と not をくっつけて **won't** と略すカタチの 2 通りの短縮形があるということです。**willn't というカタチはありません**。ご注意を。

さて、ココでもうひとつ注意。ココまで **can** を「**できる**」という意味の助動詞として使ってきましたが、**can を be 動詞と一緒に使った場合、「あり得る／あり得ない・はずがない」**のような「**可能性**」を表す意味に訳した方が自然です。次の通り。

It can't be true.（本当のはずがない。→そんなのあり得なーい！）
Can it be true?（そんなのあり得るの？）
He can't be honest.（あいつが正直なはずがない。）

助動詞を使った疑問文への答え方と、省略

……さて、ココまでに、
「助動詞が入る文には、必ず動詞も一緒に入る！」
「助動詞の後ろの動詞は必ず原形になる！」
と、（例によって）くどいほど繰り返してきましたが、**例外的に、助動詞の後ろに動詞（の原形）が続かない場合**もあります。正確には、助動詞から後ろが「**省略！**」されるカタチです。次の通り。

1. Will you go to the party tonight with me?
（今夜、ボクとパーティーへ行く？）
Yes, I will. / No, I won't.
（ええ、いいわよ。／いいえ、お断り。）

2. Can he play the drums?（彼はドラムを叩くことができるの？）
Yes, he can. / No, he can't.
（うん、できるよ。／ううん、できないよ。）

要は、**助動詞を使った疑問文に答えるとき**ですね。「**英語で質問に答えるときは、できるだけシンプルに！**」の精神から、こういう場合だけは、質問者と同じことを何度も言うのを避けるために、助動詞の後ろをスッポリ省略してしまってOK。ほかにも、
My sister can sing very well.
（ボクの姉はとても上手に歌うことができる。）
と言ったあとに、
But I can't.（でも、ボクはできない。）
と続ける場合など、「**前に言ったことの繰り返し**」になる部分は省略可能です。
「いちいち繰り返さなくても、何を言いたいかわかるでしょ？」
ってノリですね。

いろいろな助動詞

助動詞には、ほかにもいろいろなものがあります。いくつか代表的なものをごく簡単に挙げると次の通り。

重要

★代表的な助動詞

●may →「…してもよい、…かもしれない」

●must →「…しないといけない、…に違いない」

●should →「…すべきである、…した方がいい」

これらはすべて助動詞なので、使い方、注意点及び否定文・疑問文のつくり方は、今までの can や will と同じ。すなわち、

You must go to the restaurant.
（キミはそのレストランへ行かなければならない。）
It may not be true.（それは本当じゃないかもしれない。）
Should I go there?（ボクはそこへ行くべきなの？）

って感じですね。

助動詞は、もともとの動詞の意味にプラスアルファの要素を加える（動詞を助ける）スパイスみたいなものです。
助動詞が入るときの文の構造はほぼすべて共通だから、
「『できる』という意味を加えたい！／自信がないので『かもしれない』という意味にしたい！」
など、自分が伝えたいニュアンスに合わせて、上手に使い分けてくださいな。

最も簡単な（？）助動詞の考え方

助動詞というのは非常にビミョーな存在です。
一般の文法書の中には、「**助動詞も動詞の一種**」として説明しているものもあります。その説明は次のような感じです。

「助動詞は動詞の一種であり、その後ろにくる動詞は原形不定詞として名詞化している」

みなさんは、この説明でわかりますか？　正直、昔のボクは「**？？**」でした。

確かに、助動詞の中には、「動詞の一種」に当たるようなものが「ないわけでもない」のですが、すでに述べたように

「動詞ナシで単独で使うことができない！」

というのが助動詞に共通する特徴です。
文の中に助動詞が入っても、必ず後ろには動詞が入ります。

また、否定文・疑問文のカタチなど、**助動詞を普通の動詞と比べると、共通点よりも相違点の方がはるかに多い**のが現実です。助動詞を動詞の一種などと考えてしまうと、かえってアタマが混乱するだけなので、
「ひとつの英文に動詞はひとつだけ！」
というこの本のこれまでの説明通りに、**潔く「別物」と割り切って考えた方が、はるかに英語をすっきり理解できる**というのがボクの持論です。

……そんなわけで、この本の中では、これからも助動詞を動詞とは別の独立したものとして扱っていきます。よろしく。

「ふくしゅう」宿屋……9泊目

ココでは、英語の文の中心として、今まで孤軍奮闘してきた動詞に心強い助っ人が登場。**その名は「助動詞！」** 助動詞が入る文では、動詞ははっきり言ってラクができます。相方である主語の顔色をうかがって -(e)s の有無を気にする必要はないし、時制、否定文・疑問文への変化も助動詞に任せっきり。そんな健気な働き者、助動詞の基本を身につけましょう！

Q 日本語の内容に合う英文を書きましょう。

1. （私は）このテーブルの上のピザを食べてもいいですか？
2. （私は）息子と一緒に買い物に行くことにしよう。
3. 学生は授業をサボる（skip classes）べきでない。

ここで「**STEP 9**」の内容を簡単におさらい。
ポイントをアタマに叩き込んだ上で、満足のいく英文ができあがったら、p.199の「解答と解説」へ。

動詞の強力助っ人、助動詞！

その1：**一般動詞を使う文、be 動詞を使う文のどちらにも、「助動詞」というものを入れることができる。助動詞は「…できる」「これから…する」など動詞にプラスアルファの意味を加える役割を果たす。**

重要

●代表的な助動詞の例

can ...（…できる、…なことがあり得る）、may ...（…してもいい、…かもしれない）、must ...（…しないといけない、…に違いない）、should ...（…すべきである、…した方がいい）、will ...（これから…する、…するだろう）など

その2：助動詞は動詞の替わりそのものはできないので、助動詞を使う文でも、必ず動詞を一緒に文の中（助動詞の後ろ）に入れなければならない。ただし、助動詞が入る文では、動詞は必ず原形になり、主語のカタチ、数に合わせて動詞のカタチを変化させる必要がなくなる。

例：We can play tennis here.（ボクたちはここでテニスができる。）
It will be fine tomorrow.（明日は晴れるだろう。）

その3：助動詞の can が入る文を過去の話にする場合、動詞ではなく助動詞の can の方を could という過去形にする。助動詞の後ろの動詞は、必ず動詞の原形である。ちなみに同じ助動詞でも must や should には過去形がない（だから、こうした助動詞は過去形にできない）。

例： He could play the piano very well 20 years ago.
（彼は20年前にはとても上手にピアノを弾けた。）

その4：助動詞が入る文を否定のカタチにする場合、助動詞の後ろに not をつける。なお、will not の短縮形は won't となるので注意。

例：I won't go there tomorrow.（ボク、明日そこへ行かないよ。）

その5：助動詞が入る文を質問するカタチにする場合、助動詞を主語の前に移動させる。

例：Can you play the piano?（ピアノ弾けるの？）

解答と解説

1. （私は）このテーブルの上のピザを食べてもいいですか？
→ May I eat this pizza on the table?

「**…してもいいですか？**」は、「**…してもいい**」という助動詞 **may** を、**〈May I ＋動詞の原形（＋その他）?〉**という疑問文のカタチにして表します。このカタチは「許可」をもらうときの決まり文句みたいなもの。ぜひ覚えておきましょう。「**食べる**」は eat の代わりに **have** を使って表してもOK。have の方が会話的な感じですね。「**このテーブルの上のピザ**」という部分は、**pizza**（ピザ）の後ろに接着剤代わりの前置詞の **on** を挟んで **table** という名詞をつなげて表します。日本語は「**このテーブルの上のピザ**」となっていますが、英語では、**this pizza on the table / the pizza on this table** のどちらでもあまり大差ない感じです。お好きな方でどうぞ。

2. （私は）息子と一緒に買い物に行くことにしよう。
→ I will go shopping with my son.

「**よし。じゃあ、…しよう！**」のような「**今、その場で決めた／計画性がない未来**」は助動詞の **will** を使って表します。「**買い物にいく**」は、**go shopping** が決まり文句。「**息子と一緒に**」ということなので、前置詞 **with** を使って、**with my son** とします。
なお、「**一緒に**」という言葉を見ると、**together** を使うか、**with** を使うかで迷ってしまう人が多いようです。「**…と一緒に**」のように名詞とセットで使う場合には、前置詞の **with** を使っておけばOK。**together** は「**一緒に**」という意味の「**副詞！**」なので、名詞とセットで使うことはできません。**together は主語が複数の場合に単独で使う**のが普通です。例えば、次のような具合。
We went fishing together.（オレたち、一緒に釣りに行ったんだ。）

3. 学生は授業をサボるべきでない。

→ Students shouldn't skip classes.

「**…すべきでない、…しない方がいい**」という意味は、助動詞 **should** を否定のカタチにすれば表せます。助動詞を使う場合、助動詞に not をつければ、否定のカタチになるのでしたよね。語注の通り、「**授業をサボる**」は **skip classes** となります。ちなみに **skip lunch** とすると、「**昼食を抜く**」という意味です。

Q 次の日本語の文の内容と、それに対する英語の文について、英文が正しければ○をつけ、間違っていれば正しい文に訂正しましょう。

1. 彼女はそんなに難しい本（such a difficult book）を読むことができたのですか？

Can she was read such a difficult book?

2. トシはスキーを上手にできるけど、イチローはできません。

Toshi can play the ski well but Ichiro doesn't.

3. 私はここにいなければなりませんか？　それとも帰っていいですか？

Must I stay at here or may I come to home?

解答と解説

1. 彼女はそんなに難しい本を読むことができたのですか？

× Can she was read such a difficult book?

→ ○ Could she read such a difficult book?

「**できる**」という意味を文に加える場合、助動詞の **can** の力を借りるのでしたよね。ココでは「**できたのか？**」と過去のことについて質問しているので、助動詞の can を過去のカタチ（**could**）にして、文全体を疑問文のカタチにすればOK。**助動詞を使う疑問文**の場合、**助動詞を主語の前に動かす**のでしたよね。元の英文にある was は be 動詞の過去のカタチですが、この文の結論は「**読む**（ことができたのですか？）」という一般動詞（**read**）で表せるので、当然ココでは必要ありません。

2. トシはスキーを上手にできるけど、イチローはできません。

× Toshi can play the ski well but Ichiro doesn't.

→ ○ Toshi can ski well but Ichiro can't.

「**スキーをする**」は、**ほかのスポーツと違って play を使わず、ski という単語を動詞として使って表します**。また、「**上手に**」は **well** という「**どんなふうに…するのか」を表す副詞**で表すのでしたよね。位置は動詞の後ろ。したがって、「**トシはスキーを上手にできる**」という部分は、**Toshi can ski well** というカタチになります。「**Aは…できる**」と「**Bは…できない**」のような対照的な内容のふたつの文は、**but** という接続詞でひとつにできるのでしたよね。元の文では、but の後ろが Ichiro doesn't … となっていますが、ココは「**できる／できない**」という話なのだから、doesn't ではなく **can't** を使います。同じ内容の繰り返しになるので、can't の後ろは省略してしまってOK。

3. 私はここにいなければなりませんか？　それとも帰っていいですか？

× Must I stay at here or may I come to home?

→ ○ Must I stay here or may I come back home?

「**…しなければならない**」という助動詞 **must** と「**…してもいい**」という助動詞 **may** を使った文をそれぞれ疑問文のカタチにして、「**AかあるいはB**」という**選択の対象**を表す等位接続詞、**or** を使ってひとつにつなげればOK。「**ここにいる**」は **stay** という一般動詞を使って、**stay here** とするか、be 動詞の後ろに here を続ける（ここでは助動詞、must の後ろに be 動詞が続くので、**must be here**）だけでOKなのですが……、元の英文を見ると、な

ぜか **here の前に at という前置詞があります**。here は副詞なので、at のような前置詞は不要でしたよね。「**…に帰る**」は **come back to ...** とするのが一般的。ただし、**home は副詞として使うことが多く**、at home というカタチ以外で、前に前置詞をつけることはあまりないため、単に「**(家に) 帰る**」という場合は **come back home** のように表します。

なお、**等位接続詞で文と文をつなぐ場合、〈文 ①. And / But / Or 文 ②.〉**」という感じで、いったん文を終わらせて（ピリオドを打って）から、等位接続詞を頭に入れて、新しく文を再開する方法も可能。ですから、**2** と **3** は、

→**2. Toshi can ski well. But Ichiro can't.**
→**3. Must I stay here? Or may I come back home?**

としても、間違いではありません。

STEP 10

「疑問詞」ってなーに？

疑問詞の入る疑問文

ここまでに「…**なの？／…するの？**」のような「**はい／いいえ**」で答えられる質問の仕方は説明してきました。
でも、質問の仕方ってそんなに単純なものばかりではありません。
例えば、相手からもっと詳しく情報を聞き出したいときには、

「**何？／だれ？／いつ？／どこ？／どうして？**」

と聞いたりしますよね？
英語でこのような詳しい情報をたずねるときには、「**疑問詞！**」という品詞を使うんです。疑問詞の代表格は次の通り。

何？ → what
だれが？ → who
だれの（もの）？ → whose
どっち？ → which
いつ？ → when
どこ？ → where
なぜ、どうして？ → why
どんなふうに？／どうやって？ → how

疑問詞を使って質問する際には、次の点に注意。

疑問詞を使う疑問文では、疑問詞が一番前にくる！

これはどういうことかというと……、ちょっと練習してみましょう。

Q **次の日本語の文を英語に直してみましょう。**

あなたはいつ私の母を見かけたのですか？

「『**いつ…？**』ってあるから、疑問詞を使う疑問文だよね。疑問詞は一番前にくるはずだから……
When you saw my mother?
ってすればOK？」

……というのは、「**とてもよくある間違い！**」です。
何がマズイのか？

「**あなたは私の母を見かけたのですか？**」を英語にすると、
Did you see my mother?
となりますよね。実は、**疑問詞を使う疑問文も同じ**。つまり、

疑問詞を使う疑問文でも、疑問詞から後ろは常に疑問文のカタチ！

にしなければいけないんです。というわけで、正解は、

When did you see my mother?

となります。
ちなみに、こうした「**お約束！**」は be 動詞を使う文にも、助動詞を使う文にも当てはまります。

例えば、「**これは…ですか？**」と質問する場合、普通なら be 動詞を使う疑問文のカタチにして、**Is this ...?** のように聞きますよね。
でも、「**これは何ですか？**」と質問する場合、「**何（what）**」という疑問詞を

使わなければならないので、これを一番前に出して、

What is this?

のような聞き方をしないといけません。

助動詞を使う疑問文の場合、助動詞を主語の前に出せば疑問文のカタチになります。ですから、これを疑問詞の入る疑問文にしようと思ったら、助動詞のさらにその前に疑問詞を入れて、

Where can we play baseball?（ボクたちはどこで野球できるの？）

というカタチにする必要があります。

疑問詞が何かと結びつく場合

疑問詞が別の語とくっついたカタチで使われることもよくあります。
「どんな本／どっちの色／だれのかばん／何歳？」
といった具合です。

疑問詞と名詞がくっつく場合、

1. **What book do you like?（どんな本が好きですか？）**
2. **Which color do you like?（どっちの色が好きですか？）**
3. **Whose bag is this?（これはだれのカバンですか？）**

のように、**what（どんな）**や**which（どちらの）**、**whose（だれの）**などの**疑問詞と名詞を１セットにして、文の頭に出すのが決まり**です。**〈疑問詞＋名詞〉**のセットを使う場合も、その後ろは、もちろん疑問文のカタチになります。

ただし、**whose**にはちょっと注意が必要。**疑問詞のwhoseは「だれの…」という意味で名詞と一緒に使うのが普通**ですが、これ１語で**「だれのもの？」**と、「所有・所属」をたずねる使い方もできるのです。
だから、上の**3**の英文は、
Whose is this bag?（このカバンはだれのものですか？）
と言い換えることも可能だったりします。
一方、what と which については、こうした言い方は不可なので、

× **What do you like book?**
× **Which do you like color?**

のように言い換えることはできません。

疑問詞が形容詞や副詞とくっつくこともあります。その場合、

How long do you work everyday?
（毎日、どれくらい働いているの？）
How much is it?（それはいくらですか？）

のように、**「どれくらい…？」**を意味する **how** と形容詞・副詞がセットになるのが普通です。こうした**〈how ＋形容詞・副詞〉**のセットも、やはり位置は文頭、その後ろは疑問文のカタチになります。
なお、how と形容詞・副詞の組み合わせは、非常に多様で、

How often ...?（どれくらい頻繁に…？）、How many ...?（どれくらいたくさん…？）、How large ...?（どれくらい大きな…？）、How far ...?（どれくらい遠くに…？）

など、挙げていくとキリがなかったりして。

さて、ココでちょっと注意。
what ... は**「何（どんな）…？」**という意味で**名詞**と結びつき、**how ...** は**「どんなふうに…？」**という意味で**形容詞・副詞**と結びつく……というのはあくまでもセオリーであって、実際には、こうしたセオリーが当てはまらないケースも多かったりします。例えば、

How old are you?（あなたは何歳ですか？）

は英語では**〈how ＋形容詞・副詞〉**の組み合わせですが、日本語に訳すと**「何歳」**という**〈何（what）＋名詞〉**という組み合わせですよね。
要するに、単に**「何（どんな）…？」**は **what**、**「どんなふうに…？」**は **how** という基本の意味を知っているだけでは不十分ということです。
ですから、**「疑問詞とほかの語との組み合わせ」**に関しては、
「日本語の表現はどうであれ、この内容なら、英語ではこういう組み合わせを使う！」
という具合に、１セット感覚で地道にひとつひとつ丸暗記しておくのが吉。
その方が、迷いや間違いは減るし、結局、「急がば回れ」ってことですね。

さて、中には、**疑問詞の前に疑問詞とセットで使われる言葉が入る**少し特殊なケースもあります。
例えば、「いつ？」という意味の when の前に、「…以来」という意味を表す since を置いた、

Since when?（いつから？）

というカタチなど。これも覚えておいてくださいね。

疑問詞が主語になる場合は要注意！

「**疑問詞を使う疑問文では、疑問詞が一番前にくる！**」
「**疑問詞を使う疑問文でも、疑問詞から後ろは疑問文のカタチ！**」

という「**お約束！**」をベースに、ここまで話を進めてきました。
でも、こういう「**お約束！**」がうまく当てはまらないケースもあったりします。例えば、

1. What happened?（何が起こったの？）
2. Who will wash the car?（だれが車を洗うの？）

という英文は、どちらも「**疑問詞から後ろが、疑問文のカタチになっていない！**」ですよね。

「**まあ、人生そんなこともあるさぁ**　(´∀`)」

と、軽く流したいところですが、それだけでは「**なめんな！**」と怒られてしまいそうなので、ちょっと理由を考えてみましょう。
上のふたつの文は、どちらも「**何が起こったのか**」とか「**だれが…するのか**」のように、「**what（何が）、who（だれが）という疑問詞の部分が主語**」になっていますよね。コレが曲者。というのも、本来なら、

What is this?（コレは何ですか？）
　→〈疑問詞＋ be 動詞＋主語〉のカタチ
What did you do in the morning?（午前中、何をしましたか？）
　→〈疑問詞＋ do / does / did ＋主語＋動詞〉のカタチ

のように、**疑問詞と主語の両方が文の中にある**のが、あるべき姿なんです。
でも、疑問詞と主語がひとつになってしまうと、

① **疑問詞を使う疑問文では、疑問詞が一番前にくる！**
→「**疑問詞＝主語**」だから、主語を文頭へ！

② **疑問詞を使う疑問文でも、疑問詞から後ろは疑問文のカタチ！**
→疑問文のカタチにするには、**do /does / did**、**be 動詞**もしくは、**助動詞の後ろに主語が入る！**　……はずなんだけど、「**疑問詞＝主語**」で、すでに主語が文頭に出てしまっている……。

という**ムジュン**が生じることになります。つまり、**ふたつの「お約束！」がぶつかり合う感じ**になってしまうわけです。
ココで英語人は考えました。

「『**疑問詞＝主語**』で主語を文頭に出しちゃったら、疑問文のカタチをつくりようがないよね。仕方がないから、疑問詞が主語の場合は、**疑問文のカタチはナシってことで**」

そんなわけで、

疑問詞が主語になる疑問文の場合、
疑問詞から後ろは疑問文のカタチにしないでイイ！

ということになってしまったわけです。

コレがどういうことか具体的に言うと、「疑問詞＝主語」の場合、

1. What happened?
→〈疑問詞＝主語＋動詞？〉のカタチ
2. Who will wash the car?
→〈疑問詞＝主語＋助動詞＋動詞＋目的語？〉のカタチ

といった具合に、**〈疑問詞＝主語＋（助動詞＋）動詞（＋その他）〉**という**肯定文（普通の文）と同じ語順**になってしまうんですねぇ、結局。
だから、このタイプの疑問文に限っては、たとえ文の動詞が一般動詞でも **do / does / did とかを入れる必要は一切ナシ！**

> **Q** 次の日本語の文を英語に直してみましょう。
>
> だれがギターを弾いたの？

× **Who did play the guitar?**
なーんてボケをいきなりかまさないように。「**疑問詞が主語になるときは、do / does / did は不要**」でしたよね。もちろん正解は、

Who played the guitar?

となります。

……あ、でもちょっと注意。
「**疑問詞が主語になるときは、do / does / did は不要**」って言っても、疑問文のカタチを表すための do / does / did は不要ってことですよ。
Who did this job?（だれがこの仕事をやったの？）
という具合に「**…をする**」って意味の一般動詞として do とかを使うことはあります。念のため。

疑問詞の入る疑問文に対する答え方

yes / no（はい／いいえ）で答えられる普通の疑問文と違って、疑問詞の入る疑問文には、決まった答え方のパターンはありません。まあ、**基本的には、元のカタチを生かしつつ、聞かれたことにそのまま答えればOK**。
例えば、

1. What is this?（これ何よ？）
　→ It is an apple.（リンゴだよ。）
2. When did you go to Canada?（いつカナダへ行ったの？）
　→ I went there this March.（今年の３月にそこへ行きました。）
3. Where do you play tennis?（どこでテニスするの？）
　→ We play tennis at school.（学校でテニスをします。）

という具合。
1 は元の疑問文の **this** が答えるときに **it** に変わる点に注意。**2** は、繰り返しを避けるために、答えの文では、**to Canada** を **there（そこに）**という場所を表す副詞に置き換えている点に注意です。
さらに、「**答えは、できるだけシンプルに！**」が英語の基本精神。ですから、「**いつ？**」と聞かれたら、**This March!**、「**どこ？**」と聞かれたら **At school!** のように、聞かれたことだけをシンプルに答える英語人も多かったり。

疑問詞を使う疑問文の中には、答えるときに注意が必要なものもあります。
例えば、

Why did you buy the CD?（なぜそのCDを買ったの？）
のように、理由を聞かれた場合には……

Because I like this artist.（だって、このアーティスト、好きなのよ。）
のように、**because（なぜなら）**という語を使って答えるのが基本です。

Whose book is this?（これはだれの本ですか？）

のように、**whose** を使って、質問をされたときにも注意が必要。
「だれの、だれのもの」を意味する whose を使った疑問文に対しては、「それは…のものです」という答え方をすることもあります。
It's mine.（それ、オレの。）
のような具合です（単に **my book** でもOK)。

また、
Who lives in the house?（だれがその家に住んでるの？）
のように、疑問詞が主語になる疑問文に答える場合、一般動詞の代わりに **do / does / did** を使って、
Tomo and Kana do.（トモとカナだよ。）
のような答え方をすることも多かったり。

ちなみに、こういう場合に使う **do / does / did** を「**代動詞！**」と呼びます。
「**いちいち名前ちゃんと言うのメンドクセー**」というときには、
「**私（たち）、彼、彼女、あれ、それ、これ**」
のような「**代名詞！**」を使えましたよね。
同じように、「**何回も同じ動詞使うのメンドクセー**」というときに、代わりに使うのが「**代動詞！**」。要は、do / does / did には、

① 一般動詞の入る文を疑問文にしたり、否定文にしたりするときに使う記号
②『…をする』という意味の一般動詞
③ ほかの動詞の代わりをする代動詞

という３種類の役割があるわけです。

さて、疑問詞を使った疑問文の場合、「**知らないから答えられない……**」とか、「**答えたくないから、ごまかしたい……**」という場合もあると思います。
その場合の答え方はすべて共通で、
I don't know.（わかりません。）
で決まりです。

英文法の予備知識 4

「…のもの」を英語で言うと？

「**…のもの**」を意味する英語の代名詞のことを、**所有代名詞**あるいは**独立所有格**と言います。専門用語を使うとかなりアレな感じがしますが、所有代名詞は短い単語ばかりで、しかも数も限られているので、丸暗記してしまう方がおすすめです。

mine（私のもの）、ours（私たちのもの）、yours（あなた（たち）のもの）
his（彼のもの）、hers（彼女のもの）、theirs（彼らのもの）

といった具合。ちなみに「**それ、マコトのだよ！**」のように、人の名前を出して、「…のもの」という場合には、
It's Makoto's.
のように、**人の名前のあとに「's」を入れるだけ**でOK。

要するに、「**人の名前 's**」というカタチには、**Makoto's book（マコトの本）**のように後ろに名詞を続ける使い方と、**Makoto's** だけで「**マコトのもの**」という意味を表す使い方の２通りがあるということですね。

疑問詞を使った決まり文句

疑問詞を使った決まり文句のうち、基本的な英会話で使う機会の多そうなものを紹介しておきましょう。

「**何歳ですか？**」のように年齢をたずねるときには、

How old are you?

というカタチを使います。「**彼はいくつなの？**」だったら、
How old is he?
です。be 動詞のカタチを主語に合わせるのを忘れないように。
ちなみに、この **How old ...?** は日本語では「**何歳**」だけど、英語では what ではなく how を使うという要注意表現でしたよね。ただし、どうしても what を使って同じ意味を表したいなら、
What's your age?（年はいくつ？）
と、たずねる方法もアリ。まぁ、**How old ...?** の方が圧倒的に一般的ですが。

「**どこの出身ですか？**」と出身地をたずねる場合には、

Where are you from?
Where do you come from?

という聞き方をします。where と from を使うのは一緒で、動詞は be 動詞を使うパターンと come を使うパターンの 2 通りがあるってことですね。意味はどっちも同じ。答え方も、

Where are you from? → I'm from Greece.（ギリシャ出身です。）
Where do you come from? → I come from Korea.（韓国から来ました。）

という２パターン。日本語では「来た／来ました」と言いますが、英語では現在形を使って表す点に注意。

「**CDを何枚もってるの？**」のように、数えられるものについて「何個（の）／いくつ…？」と数をたずねる場合は、

How many CDs do you have?

のように、**〈how many ＋数えられる名詞＋疑問文のカタチ?〉**を使います。

× **How many CDs he has?**

みたいに、後ろが**疑問文のカタチになっていない**ものはダメですよ！
それから、**how many の後ろに入る名詞は必ず複数形**になること、日本語では「**何個**」という言い方をしても、英語では **what ではなく how** を使う点にも注意。これはもう英語での決まった言い方なので、カタチを丸覚えしてください。

ちなみに空気や水のような**「数えられないもの」の量について、「どれくらいたくさん…？」と聞く場合には、How much ...? という表現を使います。**

> ⚠ **英語では、日本語以上に「数えられる／数えられない」というポイントが重視される！**

という「**お約束！**」にココであらためて注意。

「**お天気はどう？**」のように、天気についてたずねる場合には、

How is the weather?

というふうに、how と **weather（天気）** を一緒に使います。答えるときには、
It's fine / sunny.（晴れです。）
のように、it を主語にして答えます。ちなみに英語では、

「時間・距離・季節・天気・温度・暗い／明るい」を
話題にするときは、it を主語にする！

のが普通です。なお、天気を表す表現を一通り挙げておくと、

雨の場合は raining または rainy
雪の場合は snowing または snowy
曇りの場合は cloudy

といった具合。
「今、実際に降っている最中」というときには **raining / snowing**、天気予報などで**「明日は雨／雪です」**といった話をする場合は **rainy / snowy** を使うのが普通です。その理由は、次の「**STEP 11**」でわかるはず。

「今、何時ですか？」のように時刻をたずねるときには、

What time is it now?

となります。時刻を答えるときにも、
It is eight o'clock.（８時です。）
のように、やはり **it** を主語にすること。

なお、**o'clock** は of the clock の略で、**「時計によると…」**のような意味。この o'clock は**「ちょうどぴったり…時」**というときにしか使わず、「ちょうど…時」であっても、**別に使わないことも多い**です。要は、あってもなくてもいい表現。**「……だったら、そんなもん最初からつけんなよ」**って感じ

ですが。
また、「**10時12分**」のように言うときには、**ten twelve** のように「**時→分**」**の順で言えばOK**です。ちなみに、会話限定ですが、
Do you have the time?（時間、わかる？）
のように、疑問詞を使わずに時間を聞く裏技もあります。

曜日と日付の聞き方は、ちょっとまぎらわしいので注意。

（曜日を聞く場合）
What day is today?（今日は何曜日？）
→ It's Tuesday.（火曜日です。）
（日付を聞く場合）
What's the date today?（今日の日付は何？）
→ It's October 20th(twentieth).（10月20日です。）

つまり、**day** を使ったら「**曜日**」、**date** を使ったら「**日付**」ということです。
なお、「曜日・日付」を答えるときにも、主語は **it** になります。
また、日付は **October 20th** のように「**月→日にち**」の順で答えること。つまり、時間と日付は、日本語と同じ順番でOKということです。

最後に、要注意表現をひとつ。
「**あなたはどう？**」と、相手の意向をたずねるときには、

How about you?

という表現を使います。でも、この文をよく見てみると……
動詞がない！
実は、これは文の中に動詞が入らない（動詞を入れてはいけない）英語の中でも例外中の例外の表現なのです。ぜひ覚えておいてくださいね。

「ふくしゅう」宿屋……10泊目

「『ふくしゅう』宿屋」もいよいよ10泊目に突入。ココでは、疑問文新時代の到来を告げる「疑問詞！」が登場。疑問詞を使う疑問文は、実際の会話で頻繁に使う上、答え方も今までの疑問文とは違ってさまざま。ぜひ答え方とセットでしっかり身につけておきましょう。

Q 日本語の内容に合う英文を書きましょう。

1. ナオコはどっちのドレスが好きですか？
2. 何でアユミはそのとき悲しかったの？
3. タダシはだいたい何時に起きるの？

ここで「STEP 10」の内容を簡単におさらい。
ポイントをアタマに叩き込んだ上で、満足のいく英文ができあがったら、次ページの「解答と解説」へ。

疑問詞のココに注意！

その1：「何？／だれ？／いつ？／どこ？／どうして？」のように、相手から詳しく情報を聞きだしたいときには（「はい／いいえ」では答えられない質問をするときには）、「疑問詞！」と呼ばれる品詞を使って質問する！

重要

●代表的な疑問詞一覧

what（何？）、who（だれが？）、whose（だれの（もの）？）、which（どっち？）、when（いつ？）、where（どこ？）、why（なぜ、どうして？）、how（どんなふうに？／どうやって？）

その2：疑問詞を使う疑問文では、疑問詞が一番前に入る！　また、疑問詞を使う疑問文でも、疑問詞から後ろは疑問文のカタチになる！

例：Where did you go yesterday?
（あなたは昨日、どこへ行きましたか？）

その3：ただし、疑問詞が文の主語になる場合、疑問詞から後ろを疑問文のカタチにする必要はない（肯定文の順番になる）。

例：Who lives here?（だれがここに住んでいるの？）

その4：「どんな本／どっちの色／何歳？」のように疑問詞が別の語とくっついたカタチになることもある。その場合、セットで文の頭に入れる。

● 〈疑問詞（what / which / whose）＋名詞〉が文の頭に出る例
What color do you like?（何色が好きですか？）
● 〈疑問詞（how）＋形容詞・副詞〉が文の頭に出る例
How old is the boy?（その少年は何歳ですか？）

解答と解説

1. ナオコはどっちのドレスが好きですか？
→ Which dress does Naoko like?

「**どっちの**」とたずねるような場合は、**which** という疑問詞を使います。ここでは「**どっちのドレス**」となっているので、**which dress** という〈**疑問詞＋名詞**〉の１セットのカタチで文頭に入れること。次にこの文の主語は「**ナオコ（Naoko）**」、文の結論は「**好き（ですか？）**」という一般動詞（**like**）を使う疑問文であることを確認。つまり、疑問詞が主語になるパターンではないので、which dress の後ろには「**ナオコは好きですか？（does Naoko like?）**」という疑問文のカタチを続ける必要があるということです。**Which dress Naoko likes?** じゃダメですよ。

2. 何でアユミはそのとき悲しかったの？
　→ Why was Ayumi sad then?

「**何で／なぜ／どうして？**」と原因や理由をたずねるときには、**why** という疑問詞を使います。これが文の頭。文の主語は「**アユミ（Ayumi）**」。文の結論の「**悲しかった（の？）**」は、「**悲しい**」という意味の形容詞 **sad** と、be 動詞の過去形 **was** を使って表します。「**そのとき**」は **then** という「時を表す副詞」か **at that time** というカタチのどちらでもOK。よって、疑問詞 why の後ろに「**アユミはそのとき悲しかったの？（was Ayumi sad then / at that time?)**」という疑問文のカタチが続くことになります。

3. タダシはだいたい何時に起きるの？
　→ What time does Tadashi usually get up?

「**何時？**」とたずねる場合は、**what time** という〈疑問詞＋名詞〉の組み合わせを使います。コレが文の頭。文の主語は「**タダシ（Tadashi）**」。文の結論の「**起きる（の？）**」は **get up** という〈一般動詞＋ニュアンス追加の副詞〉で表します。「**だいたい**」は **usually** ですが、こういう「頻度を表す副詞」は入る位置に注意。一般動詞を使う文の場合は、一般動詞の前でしたよね。したがって、what time の後ろを **does Tadashi usually get up?** という疑問文のカタチにすれば正解。

Q 次の日本語の文の内容と、それに対する英語の文について、英文が正しければ○をつけ、間違っていれば正しい文に訂正しましょう。

1. だれがブルガリアにホテルをもっているの？
Who do you own a hotel in Bulgaria?

2. お前、いつカナダに行ったの？
Where you went in Canada?

3. どうやったら、その福岡にいるバンドと連絡をとれる（can contact）の？
What do I can contact Fukuoka band?

解答と解説

1. だれがブルガリアにホテルをもっているの？
× Who do you own a hotel in Bulgaria?
→ ○ Who owns a hotel in Bulgaria?

まず「**だれが**」という文の主語に注目。これは英語では **who** という疑問詞を使って表し、さらに「**疑問詞が主語になる場合、疑問詞の後ろは疑問文のカタチにならない（肯定文の順番になる）**」のでしたよね。よって、Who do you own ...? のように疑問文のカタチになっている元の英文は明らかにダメ。「建物などをもつ、所有する」は own という動詞を使って表すのが普通です。よって、「**ブルガリアにホテルをもつ（owns a hotel in Bulgaria）**」というカタチを who の後ろにそのままつなげれば正解。なお、who や what が主語になる場合、動詞の現在形には -(e)s が必要な点にも注意。

2. お前、いつカナダに行ったの？
× Where you went in Canada?
→ ○ When did you go to Canada?

「**いつ？**」を意味する疑問詞は **when**。元の英文にある **where** は「**どこ？**」と場所をたずねる際に使う疑問詞です。その時点で元の英文はもうダメ。文の主語は「**お前（you）**」。「**カナダに行った（の？）**」という文の結論は、**went to Canada** のように一般動詞を使って表します。だからといって、そこだけに気をとられて、**When you went to Canada? としたら×（バツ）**ですよ。ちゃんと、**did you go to Canada?** という疑問文のカタチに変えて、when の後ろに続ければ正解となります。

3. どうやったら、その福岡にいるバンドと連絡をとれるの？

× What do I can contact Fukuoka band?

→ ○ How can I contact the band in Fukuoka?

「**どうやったら？**」と手段や方法をたずねる場合は、**how** という疑問詞を使います。よって、what を使っている元の英文はこの時点でダメ。この問題のように、日本語の文から主語がはっきりとわからない場合は、自分で推測すること。この場合、I / we / you のどれかであればOK。「**…と連絡をとれる**」という文の結論は、**contact** という一般動詞と「**できる**」という助動詞 **can** を使って表します。「**その福岡にいるバンド**」は **the band in Fukuoka**。contact は「…と連絡をとる」という意味で後ろに名詞を前置詞ナシで続けて大丈夫な他動詞なので、with とかを入れずに直接、the band in Fukuoka を続けないといけません。
したがって、**I / you / we can contact the band in Fukuoka** を疑問文のカタチにして、how という疑問詞の後ろに続ければ正解となります。can のような助動詞を使う場合、疑問文は助動詞を主語の前に出したカタチになります。元の文のように、do を使うのは間違いです。

STEP 11

動詞に-ingがくっついた!

「今…している最中だ」を英語で言うと？

Q 次の英文を日本語に直してみてください。

The boy plays tennis.

「えっと、**plays** は動詞の**現在形**だから、
『その男の子は今、テニスをしている』
だよねー。**チョー余裕！**」

といきなり「**しでかしてしまった**」人は、思い切って、本トリセツのp.116まで戻りましょう。上の解釈は思いっきり**×（バツ）**。

「英語の動詞の『現在形』は、過去・現在・未来にとらわれない、いつでも当てはまるようなことに使うカタチ！」

でしたよね。ですから、上の英文は、
「その少年は習慣としてテニスをやっている」
のような意味になります。ここでまた問題。

Q では英語で、

「その男の子は今、テニスをしているところだ（続けている最中だ）」

と表そうと思ったら、どうすればいいでしょう？

ヒント。**動詞の後ろに -ing をつけると、「今、（動作を）続けている」というニュアンス**を出すことができます。

「じゃあ、
The boy playing tennis (now).
でOK？」

と思ってくれた人。**ゴメンナサイ！**　大切なことを言い忘れていました。
実は、英語では、動詞の後ろに -ing を付けると、品詞の分類が変わってしまうんです。簡単に言うと、
「後ろに -ing がついたら、動詞は動詞じゃなくなっちゃう！」
んですねぇ。

……とか言うと、

「ええっ、『…している（ところだ）』って日本語の表現は動詞でしょ？日本語では動詞なのに英語では動詞じゃないってどういうこと？」

とパニックを起こす人も出てきたりして。
実は、コレって日本語と英語の大きな違いのひとつなんですね。
日本語では「…している（ところだ）」というと動詞みたいに感じるけど、英語では違うんです。**英語では、「…している（ところだ）」という動作は動詞では表せない**んです。
日本語の「**…している（ところだ）**」に当たる「**動詞＋ -ing**」というカタチは、**英語での分類上は動詞じゃない**んです。

「じゃあ、一体、『動詞＋ -ing』のカタチって何なの？」

って思いますよね。
この場合、答えは「**形容詞！**」。
つまり、「**…している（ところだ）**」って日本語の動詞表現は、**英語では形容詞で表す**んです。ココがややこしいところ。注意してくださいね。

さて、ココで思い出してほしいのが、
「英語で文の結論を示すためには、必ず動詞と名のつくものが必要！」

という「**お約束！**」です。

「**その男の子は今、テニスをしているところだ（続けている最中だ）**」
という日本語の文の結論はどこでしょう？

「**（テニスを）していているところだ（続けている最中だ）**」ですよね。
これって日本語の感覚だと動詞みたいだけど、
「日本語の『…している（ところだ）』に当たる英語の「動詞＋ -ing」というカタチは、英語での分類上は動詞じゃない！」
っていうのは、ココで何度も述べている通り。だから、

The boy（the ＋名詞） playing（形容詞） tennis（名詞）(now).

という英文は、意味は十分わかりそうだけど、**動詞がないからダメ！**
文の結論を示そうと思ったら、上の文に何か動詞をプラスしないといけないんです。
さぁ、どんな動詞を入れましょう？

勘のいい方はもうお気づきかもしれませんが、こういうときに使う動詞と言えば、
「実質的な意味はほとんどないけど、たてまえ上は動詞という、be 動詞で決まり！」
ですよね。これを playing の前に補ってあげれば、英語らしい「動詞の入った文の結論」となるわけです。つまり、
「**その男の子は今、テニスをしているところだ（続けている最中だ）**」
と英語で表そうと思ったら、

The boy is playing tennis (now).

となるんですね。めでたしめでたし。

……と、先に進む前に、ココで、playing の後ろに注目。

playing の後ろには、**tennis という名詞**が続いていますね？　つまり、

The boy plays tennis.（その男の子はテニスをする。）

のように、**play を動詞として使う場合と同じカタチが続いている**ということです。

「……ソレガナニカ？」
と思った人もいるかもしれないけど、実はコレって、

「『動詞＋ -ing』のカタチは、英語での扱いは形容詞でも、元が動詞だけに、動詞としての性質もしっかり残っている！」

ってことなんです。だから、playing tennis みたいな感じで、「動詞＋ -ing」の後ろには、もともと動詞だったときと同じカタチがそのまま続くというわけ。

これが、**look** のような（「**…を見る**」というときには）必ず後ろに接着剤に当たる前置詞（**at**）が必要な動詞だとどうなるかというと……、

The boy is looking at the picture.
（その男の子は、今、その絵を見ている。）

という具合に、後ろに -ing がくっついて、**looking** となっても、やっぱりその後ろのカタチは変わらないわけです。要は、
「動詞の後ろに -ing をつけたカタチは、動詞の性質を持った特別な形容詞」
なんですね。

「形容詞だったり、動詞だったりメンドクセ！！」

という人は、単に、

「**日本語の『…している（ところだ）』は〈be 動詞＋ ...ing〉のカタチで表す！**」

と丸暗記してしまうのもひとつの手。**〈be 動詞＋ ...ing〉**を1セットの動詞感覚でとらえるのがポイントです。
「ふたつそろって1セットの動詞だから、be 動詞がゼッタイ必要だし、...ing の後ろに -ing がついていない（普通の動詞として使う）場合と同じカタチが続いても問題ナシ」
って感じ。ちなみに、学校では、この**〈be 動詞＋ ...ing〉**のカタチを「**（現在）進行形**」という名前で教えています。

「……**このトリセツでも、最初からそう教えてくれればよかったのに**」

と思う人もいるかもしれませんね。
実は、「**進行形！**」とか言うと、何か「**特別なカタチ！**」のように感じてしまう人が多いんです。でも、別にそうではなくて、

> **動詞の後ろに -ing をつけたものは、分類上、動詞ではなく形容詞扱い。**
> **英文には必ず動詞がいるから、be 動詞を入れてつじつまを合わせただけ！**

という**〈be 動詞＋ ...ing〉というカタチの本質**を理解しておくことで、後々**「多くの日本人が脱落していく部分」の理解がずっとラクに**なるんですよ。

「今…している」の疑問・否定のカタチ

Q

The boy is playing tennis (now).
（その男の子は今、テニスをしているところだ。）

という文を疑問文、もしくは否定文にすると、どうなるでしょう？

……これは実は結構、簡単です。

〈be 動詞＋ ...ing〉のカタチの文は、
疑問文にする場合、 be 動詞を主語の前に出す！
否定文にする場合、be 動詞に not をつける！

ということで、

（疑問文）Is the boy playing tennis (now)?
（否定文）The boy isn't playing tennis (now).

とすれば、正解になります。

「えっと、動詞の後ろに -ing がつくと動詞じゃなくて形容詞になって、だけど、この形容詞は動詞の性質をもった特別な形容詞で……」

とか、**難しいことを考える必要は一切ナシ。**
〈be 動詞＋ ...ing〉というカタチの文の動詞は、**be 動詞**です。
英語で最も大切なのは動詞。**be 動詞を使う英文なら、be 動詞を基準に疑問文や否定文のカタチを考えればイイ。**ただ、それだけの話です。だから、

× **Does the boy playing tennis (now)?**
× **The boy doesn't playing tennis (now).**

のように、**動詞の後ろに -ing がついた怪しいヤツ**がいるからって、否定文や疑問文をつくるときに **do や does を使う必要はまったくありません。**
何度も言いますけど、**後ろに -ing がついてたら、それは「もう動詞ではない！」って目印**ですからね。だから、上の文の場合、
「そもそも動詞がないし、一般動詞がないのに疑問や否定のカタチを does を入れて表したらダメ！！」
という話になります。

ただし！　〈be 動詞＋ ...ing〉というカタチの文に、まったく do を使わないというわけではありませんよ。

My aunt is doing the dishes.（私のおばさんは今、皿洗いをしている。）

のように、**「…をする」という意味の一般動詞 do** に **-ing** がくっついて be 動詞の後ろに入ることはあります。
ただし、コレを否定文や疑問文のカタチにする場合も、

Is my aunt doing the dishes?
（私のおばさんはお皿を洗っているところですか？）
My aunt isn't doing the dishes.
（私のおばさんはお皿を洗っているところじゃありません。）

って感じで、やっぱり基準になるのは be 動詞です。ご注意ください。

「そのとき…しているところだった」

Q 次の日本語の文を英語に直してみましょう。

ボクはそのとき本を読んでいるところだった。

つまり、「**今…しているところだ**」を「**そのとき…しているところだった**」という過去のカタチにすればOK。正解は、

I was reading the book then.

となります。「**簡単！**」って思った人も多いかもしれませんね。先ほど、

「英語で最も大切なのは動詞。**〈be 動詞＋ ...ing〉**というカタチの文の動詞は、**be 動詞**なのだから、**疑問文や否定文のカタチにしたいなら**、**be 動詞を基準に考えればイイ**」

という話をしましたが、これは時間の表し方についても言えることです。**〈be 動詞＋ ...ing〉**というカタチの文の動詞は、**be 動詞**なのだから、「**そのとき…しているところだった**」という過去の話をしたいなら、**be 動詞を過去形にすればOK**なのです。

Q Shoko and Nao were eating lunch at that time.
（ショーコとナオはそのときお昼ご飯を食べているところだった。）

という文を疑問文、もしくは否定文にすると、どうなるでしょう？

「**〈be 動詞＋ ...ing〉**というカタチの文を**疑問文や否定文のカタチ**にする場合、**be 動詞を前に出したり、be 動詞に not をつけたりすればイイ**」

のでしたよね。「**そのとき…しているところだった**」という過去の話でも、それは同じです。つまり、

（疑問文）Were Shoko and Nao eating lunch at that time?
（否定文）Shoko and Nao weren't eating lunch at that time.

とすれば正解。

be 動詞を使う英文なら、be 動詞を基準に文のカタチ（疑問文／否定文）や時間の表し方（現在／過去）を考えればイイ。
ホントにただそれだけの話なんです。

動作？　それとも状態？

Q 次の日本語の文を英語に直してみましょう。

1. リュウマはたくさんの本をもっています。
2. ユカリとマイは彼の名前を知っている。

× **1. Ryuma is having a lot of books.**
× **2. Yukari and Mai are knowing his name.**

と考えた人、**残念でした**。上の２つの英文は、「**間違い！**」です。

「えっ、『今…しているところだ』って意味は、〈be 動詞＋ ...ing〉のカタチで表すんじゃないの？」

それは**○（マル）**。

「だったら、『今、もっている／知っている』って意味は、〈be 動詞＋ having / knowing〉ってカタチになるのがスジじゃないかぁ！！」

そこが**×（バツ）**！
実は、**have** や **know** は**〈be 動詞＋ ...ing〉のカタチにしなくても「…している」という「状態」を表す特殊な動詞**なんです。だから、上の問題は、

1. Ryuma has a lot of books.
2. Yukari and Mai know his name.

とするだけで、正解になります。

ほとんどの動詞は、**walk（歩く）**や **talk（話す）**のような「**動作**」を表す

動詞です。「動作」というのは、意識的に「はじめたり」「やめたり」できるものですよね。このタイプの動詞は「**…している、続けている**」という意味を表そうと思ったら、後ろに -ing をつけて、**〈be動詞＋ ...ing〉**のカタチにしないといけません。

ただし、動詞の中には、**have**（**もっている**）や **know**（**知っている**）のような「**状態**」を表す動詞も（少数派ですが）存在します。「状態」というのは、意識的に「はじめたり」「やめたり」できないものです。例えば、

「**絵描きとしての才能をもっている**」
「**絵についてよく知っている**」

という画家が、意識的にその才能や知識を突然なくしたり、また元に戻ったりすることはできませんよね。つまり、「状態」とは、動作と違って、勝手に続いていくものなのです。

だから、こういう「**状態**」を表す動詞に「**…している、続けている**」という意味の **-ing をくっつけることはできません**。ムリヤリ**〈be 動詞＋ having / knowing〉**というカタチにしてしまうと、
「**もっているのをしているところだ／知っているのをしているところだ**」
みたいなおかしな意味になってしまいます。

-ing は「（動作を）続けている」という感じを出すための
カタチなので、「状態」を表す動詞にはつけられない！

と覚えておきましょう。

ただし！ 動詞の中には、**「状態を表す動詞／動作を表す動詞」のふたつの顔をもつ動詞**もあります。

例えば、**have** は「もっている」という意味では「状態」を表す動詞ですが、**breakfast / lunch / dinner** などを後ろに置くことで、「**朝食・昼食・夕食を食べる**」という意味の、「動作」を表す動詞としても使えます。もちろん、その場合は、

We are having breakfast / lunch / dinner now.
（ボクらは今、朝食／昼食／夕食を食べているところです。）

のように、後ろに -ing をつけて、**〈be 動詞＋ having〉**というカタチで使ってもOK。

つまり、「**…している**」という日本語の表現を英語にするときには、
「**この動詞は『動作』？　それとも『状態』？**」
というポイントにも注意する必要があるということです。
英語で最も大切な品詞は動詞。動詞だけは、本当に気合を入れて覚えるようにしてくださいね。

英語は日本語よりも時間にうるさい？

Q 「彼はテニスをしている」という日本語の文を英語で表した場合、正しいのはAとBのどちらでしょう？

A. He is playing tennis.
B. He plays tennis.

……答えは両方とも○（マル）。
同じように次の問題にチャレンジ！

Q では、次の日本語の文を英語で表した場合、正しいのはAとBのどちらでしょう？

1. 彼は今、テニスをしている。
 A. He is playing tennis now.
 B. He plays tennis now.
2. 彼はときどきテニスをしている。
 A. He is sometimes playing tennis.
 B. He sometimes plays tennis.

さて、またしても**A**と**B**のどちらも正解かというと……
答えは「**No!**」。
1は、**A**が○（マル）で、**B**が×（バツ）（コレはわかった人が多いかな？）。
2は、**A**が×（バツ）で、**B**が○（マル）だったりします。

ちなみに、上の問題文、すべて「**テニスをしている**」という同じ日本語表現を使っていることに気づいたでしょうか？
つまり、日本語の「**テニスをしている**」には、英語では2通りの言い方があって、しかも場合によって、どちらかが○（マル）だったり×（バツ）だったりすることもあるわけです。

ココで「**どうして？**」と気になった人はナイスガッツ。
実は、「**英語は日本語よりも時間にうるさい！**」ことがその原因なのです。
日本語では「**している**」という言い回しひとつで、

① **普段、習慣として、している**
② **今、現時点で、その動作をしている**

という２通りの内容を表すことができます。
「**している**」という表現を上の ① と ② のどちらの意味にとるかは、その前後の文脈や一緒に使う語句次第です。

しかし、英語の場合、日本語とは違って、

「普段、習慣として、している」場合は現在形、
「今、現時点で、その動作をしている」場合は〈be 動詞＋ ...ing〉のカタチ！

のように、① と ② の違いをはっきりと区別して表すという決まりがあるのです。

ここで、先の問題を振り返りましょう。
ただ「『**彼はテニスをしている**』という日本語の文を英語で表せ」と言われた場合、「**普段、習慣として、している**」のか「**今、現時点で、その動作をしている**」のかまではわかりません。つまり、**現在形**と**〈be 動詞＋ ...ing〉**のカタチのどちらにも正解の可能性があるということなので、**A**、**B** のどちらとも○（マル）。

それに対して、

1. 彼は今、テニスをしている。
2. 彼はときどきテニスをしている。

のように、「今／ときどき」という語が入っている場合は注意が必要。
というのも英語では、
「**『今（now）』のような表現は、現在形とは相性が悪いけど**（理由を忘れた人はp.122を参照）、**〈be 動詞＋ ...ing〉とは相性が抜群！**」
で、一方、
「**『ときどき（sometimes）』のような『普段、習慣として、している』ことを示す表現は、〈be 動詞＋ ...ing〉とは相性が悪く、逆に現在形とは相性がピッタリ！**」
だったりするのです。

だから、「**彼は今、テニスをしている**」なら、

A. He is playing tennis now.

のように**〈be 動詞＋ ...ing〉**のカタチを使うべきだし、「**彼はときどきテニスをしている**」なら、

B. He sometimes plays tennis.

のように現在形を使うべきなのです。

要は、ボクたち日本人が英語を使おうと思ったら、**普段、日本語を使っているときには気にもしない**ような、
「**『今、している』の？　それとも『習慣としてしている』の？**」
みたいな細かい違いをいちいち考えながら、**カタチにして表さなければならない**ってことですね。
そして、これが、日本人にとって英語が「**ムズカシー！**」大きな理由のひと

つでもあります。

「英語は、時間の分け方が、日本語より細かいんだ！」
と自分に言い聞かせながら、日々、腕（…アタマかな？）を磨いておくようにしましょう。今のうちに、こういう感覚を鍛えておくと、あとできっと生きてきますよ。

ちなみに、ここでは sometimes を現在形と相性ピッタリで、〈be 動詞＋...ing〉とは一緒に使えない表現としてご紹介しましたが、同じ「**頻度を表す副詞**」でも、**always** なら話は別。

He is always playing baseball!
（あの人ったら、いっつも野球をしてばっかり！）

のように、「**いつも…してばかりいる**」という「**困ったもんだ、トホホ……**」的なニュアンスで使うことができます。

「ふくしゅう」宿屋…… 11 泊目

ココでは英語ワールドの主人公とも言える動詞の後ろに -ing がくっつくという異変アリ。で、後ろに -ing がついた動詞がどうなるかというと……何と**動詞じゃなくなる！**　つまり、**主人公の資格剥奪**となってしまいます。そして、「文の中に動詞がない！」という緊急事態を解決するために、新たに代理の **be 動詞**がやってきて……という**主人公交代のドラマと悲哀**を味わうのが〈be 動詞＋ ...ing〉のカタチをマスターする秘訣！　……かも。

Q 日本語の内容に合う英文を書きましょう。

1. ジョージはそのとき、ギターを弾いているところだった。
2. その公園にいる老人たち（senior citizens）は今、何をしているのですか？

ここで「STEP 11」の内容を簡単におさらい。
ポイントをアタマに叩き込んだ上で、満足のいく英文ができあがったら、p.244の「解答と解説」へ。

〈be 動詞＋ ...ing〉のカタチ（いわゆる「進行形」）

その1：**〈be 動詞＋ ...ing〉のカタチは、「（今）…しているところだ（動作を続けている最中だ）」という意味を表す。それに対して、動詞の現在形は「（普段、習慣として）…している」という意味なので、両者を混同しないこと。**

●〈be 動詞＋ ...ing〉の例

He is sleeping now.（彼は、今、寝ています。）

● 動詞の現在形の例

He sleeps all day on the weekends.

（彼は週末は一日中、寝ています。）

その2：〈be 動詞＋ ...ing〉のカタチの文は、疑問文にする場合、be 動詞を主語の前に出し、否定文にする場合、be 動詞に not をつける。

● 〈be 動詞＋ ...ing〉の疑問文の例

Is he sleeping now?（彼は、今、寝ていますか？）

● 〈be 動詞＋ ...ing〉の否定文の例

He isn't sleeping now.（彼は、今、寝ていません。）

その3：〈be 動詞＋ ...ing〉のカタチを使って、「（そのとき）…しているところだった（動作を続けている最中だった）」という過去の話をする場合、be 動詞を過去形にする。

例：He was sleeping then.（彼はそのとき寝ているところだった。）

その4：動詞には、大きく分けて、「動作」を表す動詞と、「状態」を表す動詞の 2 通りある。後者は、もともと「…している」という「状態」を表す動詞なので、〈be 動詞＋ ...ing〉のカタチにはしないのが普通である。

重要

● 〈be 動詞＋ ...ing〉のカタチでは使わない代表的な動詞一覧

believe（信じている）、belong（属している）、depend（依存している）、exist（存在している）、hate（ひどく嫌っている）、have（もっている）、hear（聞こえている）、know（知っている）、like（好きである）、love（愛している）、remember（覚えている）、resemble（似ている）、see（見えている）、think（思っている）、understand（理解している）など

解答と解説

1. ジョージはそのとき、ギターを弾いているところだった。
　→ George was playing the guitar then.

まず文の主語は「**ジョージ（George）**」。これは問題ないと思います。文の結論は「**（ギターを）弾いているところだった**」。「**ギターを弾く**」は **play the guitar**。「**楽器を演奏する**」は、**〈play the 楽器〉**」のように、必ず「**動詞と楽器の間に the を挟む**」のが決まりです。「**…しているところだ（動作を続けている）**」という意味は、動詞の後ろに **-ing** を続ければ表せるのでしたよね。したがって、**playing the guitar** というカタチ。さらに、後ろに **-ing** がつくと動詞は動詞ではなくなるので、必ず **〈be 動詞＋ ...ing〉** のカタチにすること。主語が「ジョージ」という人の名前で、「**（そのとき）…しているところだった**」という過去の話なので、be 動詞のカタチは **was** となります。「**そのとき（then）**」のような「時を表す副詞」は文の終わりに入れておけばOK。

2. その公園にいる老人たちは今、何をしているのですか？
　→ What are the senior citizens in the park doing now?

まず文の主語の「**その公園にいる老人たち**」ですが、これは「**公園の中の老人たち**」と読み換えて、**the senior citizens in the park** と表します。文の結論は、「**（何を）しているのか？**」となっているので、ココで **〈be 動詞＋ ...ing〉** のカタチの出番。ココでは **「している」ものが何かわからない**ので、**play** ではなく **do** の後ろに **-ing** をつけることになります。主語が「**老人たち**」なので、be 動詞のカタチは **are**。「**何？**」と質問する場合は、疑問詞の **what** が文頭に入るのでしたよね。その後ろに疑問文のカタチ、つまり are が主語の前に出たカタチを続ければOK。
主語が長いため、are と後ろに続く doing の距離がかなり離れてしまって、ちょっと不安になる人もいるかもしれませんが、こういうスタイルの英文にも慣れておいてください。

Q 次の日本語の文の内容と、それに対する英語の文について、英文が正しければ○をつけ、間違っていれば正しい文に訂正しましょう。

1. マユとリサはそのとき喋っていませんでした。
   Mayu and Risa don't talking then.
2. テルはたくさんの土地とお金をもっていたのですか？
   Was Teru having many lands and money?
3. ミツとアヤとユキって、放課後いつもテニスをしてばっかり。
   Mitsu and Aya, Yuki always playing tennis before school.

解答と解説

1. マユとリサはそのとき喋っていませんでした。

× Mayu and Risa don't talking then.

→ ○ Mayu and Risa **weren't** talking then.

文の主語は「**マユとリサ（Mayu and Risa）**」。文の結論は「**そのとき喋っていませんでした**」、つまり「**そのとき…していなかった**」ということなので、**〈be 動詞＋ ...ing〉**の **be 動詞を過去形にして、否定のカタチ**にすればOK。**be 動詞を使う英文では、否定文・疑問文のカタチ、動詞の時制は、とにかく be 動詞を基準に考える**のだから、元の英文のように、do などを使って否定文をつくることはあり得ません。主語が、**Mayu and Risa**（つまり、ふたり以上）なので、この場合、be 動詞のカタチを **were** にして、その後ろに **not** をつければ完成。

2. テルはたくさんの土地とお金をもっていたのですか？

× Was Teru having many lands and money?

→ ○ **Did** Teru **have a lot of** lands and money?

「**もっていたのか？**」という日本語の表現につられて、元の英文のように**〈be 動詞＋ ...ing〉のカタチ（Was Teru having ...?）**にしてしまわないように気をつけて！ **have** の正しい意味は「**もっている**」。つまり、そもそも「…**している**」という**「状態」を表す動詞**なので、**〈be 動詞＋ ...ing〉のカタチにはできない**んでしたよね。ですから、この文の結論は have という一般動詞をそのまま使えばOK。一般動詞を使う過去形の疑問文なので、did を主語の前に入れます。

なお、元の英文では、「**たくさんの**」という意味で、**many** が使われていますが、**many は数えられる名詞にしかつけられない形容詞**です。「**土地とお金**」を意味する **lands** と **money** は、英語ではどちらも「**数えられない名詞**」扱いになります。「**えっ、数えられるじゃん！**」と思う人もいるかもしれないけど、とにかく英語ではそういう決まりだから、シカタナイ（しかも land は数えられない名詞扱いのクセによく後ろに -s をつけて使う変な名詞）。**数えられない名詞が「たくさん」というときには、many ではなく、a lot of ... や lots of ... というカタチを使う**のが普通です。

3. ミツとアヤとユキって、放課後いつもテニスをしてばっかり。

× Mitsu and Aya, Yuki always playing tennis before school.

→ ○ Mitsu, Aya and Yuki are always playing tennis after school.

まず文の主語の「**ミツとアヤとユキ**」ですが、このように**3つ以上のものを and など（等位接続詞）でつなぐとき**は、**A, B(,) and C** のように、コンマでつないでいって、最後にくるものの前に **and** などを入れるのが普通でしたよね（p.166も参照）。この時点で元の英文は間違い。

文の結論は「**(いつもテニスを）してばっかり**」。**頻度を表す副詞は、〈be 動詞＋ ...ing〉のカタチとは相性が悪い**のが普通ですが、「**いつも…してばかりいる（困ったもんだ)**」という場合だけは例外的に、**always** と**〈be 動詞＋ ...ing〉のカタチ**を一緒に使ってOKでしたよね。「**be 動詞を使う文の場合、頻度を表す副詞の位置は be 動詞の後ろ**」です。文の主語が「**ミツとアヤとユキ（Mitsu, Aya(,) and Yuki)**」のように3人（つまり複数）になっているので、be 動詞のカタチは are にして、**Mitsu, Aya(,) and Yuki**

are always playing tennis のように表します。
「**放課後**」は **after school** が決まった言い方です。**before** は「**…の前に**」という意味の前置詞なので、**before school** とすると「**学校がはじまる前に**」という意味になってしまいます。

STEP 12-1

難度Sの文のカタチ（前編）

クライマックスの前に……ココまでのおさらい

さて、いよいよこの本もクライマックスに近づいてきました。
カメラとか携帯とか、いわゆる精密機械の分厚いトリセツには、
「**……何だコレ？　どういう意味？　こんな機能、だれが使うの？**」
と思わず首をかしげたくなるような不思議な特殊機能がひとつやふたつ、あったりしますよね。

英文法にもそういうヤツがあるんです。それはズバリ、
「**ブンケイ！**」
そう、あの**SとかVとかOとかCとか、何だかよくわからない用語・記号**がズラズラ出てくる、あの「**文型！**」がついに登場ですよ。
高校生までの英語を一通り勉強したことがある（そして英語でイヤな思いをしたことがある）人なら、

「**ゲフッ、英語なんかキライだぁ！**」
「**ウワー、英語、世界からなくなれっ！！**」

と名前を聞いただけで絶叫したくなる**トラウマ製造マシーン**、それが文型。
でも、この本を読んでいる読者の中には、

「**自分はまだ中学生だからカンケーないかも**」

とこの本をそそくさと閉じようとしている中学生もいるかもしれませんね。

ところが実は関係、大アリ！

確かに、中学校の時点では「**文型**」とかそういう難しい用語は出てこないけど、実は**同じ内容の基礎を中学２年生のはじめごろに習う**んです！
そして、**多くの人がココで脱落していく**んですっ！
だから、ゼッタイ飛ばしちゃダメッ！！

……とか言うと、何だか今までとはまったく別世界のやたらめったら難しい話みたいで、思わず**ガクガクブルブル**してしまった人もいるかもしれませんが、この「英文法のトリセツ」では、そういうみんなが苦手な「文型」だって、じっくり、丁寧に、だれにでもわかるように解説します。

……というより、実はみなさん、**ココまでの内容で文型の基礎みたいなものは「すでに」マスターしてしまっている**んです！　あと、ひとつか２つの新しい知識を身につけて、いくつかの決まりごとさえ覚えてしまえば、みなさんは文型を「**カンペキ！**」にマスターできてしまうんです！

と、その前に、まずは今までの超重要ポイントの復習をざっと駆け足でやっておきましょう。
「**メンドクセー、復習イラネ！**」
という人もいるかもしれませんが、基本があやふやだと、簡単なはずのトリセツだって難しく思えてしまうもの。ですから、ね？

その１：英語の文には必ず、主語（「…は」に当たる名詞）と文の結論を示す動詞が１個ずつ必要！
そして、〈主語＋動詞（＋その他）〉が英語の文の基本のカタチ！

「**日本人は米を食べる**」のように、（日本語で）文の結論に当たるのが動詞の場合、英語でも、
Japanese eat rice.
のように、そのまま「**食べる**」って意味の一般動詞 **eat** を入れておけばOK。

ただし、「**その山々は美しい**」のように、（日本語で）文の結論に当たるのが動詞ではない場合、英語では、
The mountains are beautiful.
のように、必ず **be 動詞**（ここでは **are**）を文の中に入れて、「**英語の文には、動詞が１個必要**」というルールを守る（自信がない人はp.22～を参照）。

その2：**動詞から後ろのカタチは、どんな動詞を使ったかによって決まる！**

この動詞を使うのなら、その後ろにはこんなカタチがアリで、これはナシといった具合に、動詞がその次にくる言葉を決定する。いわば「**動詞が英語の文を支配している**」ということ。特に動詞が**一般動詞**か、それとも **be 動詞**かで大きく２つに分かれる。

① 一般動詞の場合

A. 最も標準的なタイプは、後ろに「…をする」の「…を」に当たる名詞がひとつ続く動詞。例えば、

Japanese eat rice.（日本人は米を食べる。）

の eat（食べる）など。
このように、「直後に名詞が１個だけ続く」というタイプの動詞のことを、文法用語では「**他動詞！**」と呼ぶ。
また、他動詞の直後に入る名詞は、文法用語で「**目的語！**」と呼ばれる。上の例文の場合、rice が目的語。

B. 一般動詞の中には、後ろに名詞を続けるには、必ず「**前置詞！**」という接着剤が必要なものもある。例えば、

Takako listens to rock.（タカコはロックを聴く。）

の listen（聞く）など。
このように、「後ろに名詞を続けるには前置詞が必要」というタイプの動詞のことを、文法用語では「**自動詞！**」と呼ぶ。

② be 動詞の場合

英語では文の結論を示すために、必ず動詞が必要。「**文の結論に動詞が入らない！**」日本語の文を英語に直すときには、「別に意味はないけど、肩書きは動詞」という **be 動詞**をまず文に入れて、その後ろに実質的な文の結論を続けることになる。裏を返せば、be 動詞の後ろには、「動詞以外の日本語の文の結論」が入るということ。それゆえ、

- **The mountains are beautiful.（その山々は美しい。）**
  → be 動詞の後ろに形容詞（beautiful）が続くパターン
- **His sister is a teacher.（彼の姉さんは先生だ。）**
  → be 動詞の後ろに名詞（a teacher）が続くパターン
- **My brother is in America.（私の兄はアメリカにいます。）**
  → be 動詞の後ろに〈前置詞＋名詞〉（in America）が続くパターン
- **The dog is here.（その犬はここにいます。）**
  → be 動詞の後ろに副詞（here）が続くパターン
- **She is reading.（彼女は読書をしています。）**
  → be 動詞の後ろに -ing がついて形容詞化した動詞（reading）が続くパターン

のように、be 動詞の後ろには「動詞以外」のいろいろな品詞が続くことになる。

ちなみに、be 動詞の後ろに入る言葉のことを、文法用語では「**補語！**」と呼ぶ。be 動詞を使う文の場合、

The mountains are beautiful.（その山々は美しい。）
→ The mountains（その山々）＝ beautiful（美しい）
His sister is a teacher.（彼の姉さんは先生だ。）
→ His sister（彼の姉さん）＝ a teacher（先生）

のように、補語が be 動詞を挟んで、前にある主語とイコールの関係になる

のが特徴。

なお、英文の**主語、目的語、補語以外の位置に名詞を入れようと思ったら、必ず接着剤代わりの前置詞が必要**。これは、

- **Japanese eat rice with chopsticks.（日本人ははしで米を食べる。）**
- **Takako listens to rock music in the house.**
  （タカコは家でロックを聴く。）
- **The mountains are beautiful in winter.**
  （その山々は冬に美しい。）
- **His sister is a teacher at my school.**
  （彼の姉はボクの学校の先生だ。）

のように、他動詞を使う文、自動詞を使う文、be 動詞を使う文、すべてに共通する。

以上、ざっと駆け足でしたが、ちゃんとついてきてますか？
では、いざ「文型のトリセツ」へ！

英語ギライにとって死の呪文？ ……SとVとOとC

みなさん、SVOOとかSVOCとか聞いたことありますか？

「ああ、あのお酒の……」
って、**そりゃVSOPですよ！**
……などというつまらないノリツッコミはどうでもいいとして、**S**とか**V**とか**O**とか**C**というのは、英文の構造（つまり、いわゆる「**文型**」）を説明するときに使われる記号のことです。

おそらく中学生のみなさんには「**？**」な記号だと思いますが、高校生以上の英語ギライな人たちにとっては、まさに、**「文型」といえば、このSVOC**であり、**この世から消えてもらいたい用語**かもしれませんね。

でも、**大丈夫です。消えてもらわなくても。**
SVOCが何かを簡単に説明すると、

Sっていうのは「主語に当たる名詞」
Vっていうのは「文の結論を示すための一般動詞、または be 動詞」
Oっていうのは「目的語に当たる（他動詞の後ろに前置詞ナシで入る）名詞」
Cっていうのは「補語に当たる語」

となります。
要するに、**S、V、O、C**って、**さっき復習した内容を、日本語の代わりにアルファベットで言い換えただけ**なんです。

だから、もし、「**この文のSは……**」のように言ったら、「**この文の主語は……**」と言っているのと同じ。
「いちいち「主語は……」とか「目的語は……」っていうのがメンドクサイから、SとかOとかっていう記号で呼んでるだけ」って話です。

……と、タネと仕掛けがわかれば、別に何てことないんですが、

「**やっぱり、こういう言い方は生理的にイヤ**」
という人も多いのではないでしょうか。
その気持ちは本当によくわかります。というのも、実はボク自身、このSVOCという言い方はあまり好きじゃないんです。
これを聞くと、英語が苦手だった頃のトラウマが……_|̄|○

でも、**ほかの英語の本とか、文法書を見てると必ず出てくる**んですね、こういう記号。せめて、このトリセツの中では、こういう記号はできるだけ使わないようにしたい。心からそう思う。
……そうは思うんだけど、言ってるそばから、こんな問題を出したりして。

Q 次の英文の構造（文型）を**S、V、O、C**という記号を使って表してみましょう。

1. Japanese eat rice with chopsticks.
2. Takako listens to rock music in the house.
3. The mountains are beautiful in winter.
4. His sister is a teacher at my school.

「**話が違うじゃないかぁー！！（怒）**」
という人、ゴメンナサイ。
とりあえず、やるからにはしっかり、ね？
今後、ほかの本を読む上でも、ゼッタイ役立つ知識ですから。

まず全体に共通するポイントから。

英語の基本のカタチは**〈主語＋動詞（＋その他）〉**。
主語と**動詞**を表す記号は、**S**と**V**でしたよね。
動詞の後ろの「**その他**」の部分に当たるのが、**目的語（O）**とか**補語（C）**。

ちなみに、文の中には、**〈前置詞＋名詞〉**とか**副詞**とか**助動詞**とか**接続詞**とかが入っていることもあります。でも、「文型」という呼び方で文の構造を考えるときには、**そういうのはすべて無視して考える**のがポイント。
つまり、**文型っていうのは、文の中の〈前置詞＋名詞〉**とか**副詞**とか**助動詞**とか**接続詞**とかをすべて、**主語（S）、動詞（V）、目的語（O）、補語（C）とは関係のない、**「**オマケ要素！**」として考える文のとらえ方なんですね。

さて、共通ポイントを確認した上で答え合わせ。

1. Japanese eat rice with chopsticks（日本人ははしで米を食べる。）

これは、**〈主語＋動詞＋名詞（目的語）（＋前置詞＋名詞）〉**というカタチの英文。だから、コレを記号で表せば、**SVO**。文の終わりの〈前置詞＋名詞〉は「オマケ要素」として無視してしまうのがポイント。文の基本の意味は「**SはOを…する**」って感じ。
eat のような他動詞（後ろに前置詞ナシで名詞がひとつという動詞）を使う文は、SVOのカタチになるってことです。

2. Takako listens to rock music in the house.
（タカコは家でロックを聴く。）

これは**〈主語＋動詞（＋前置詞＋名詞＋前置詞＋名詞）〉**というカタチ。さっきのSVOと似ているけど、**O（目的語）**は「**（他）動詞の後ろに前置詞ナシで入る名詞**」でしたよね。だから、動詞の後ろに〈前置詞＋名詞〉が続いているこの文は、SVOじゃなくて、ただの**SV**のカタチということになります。
つまり、この文は、文型の考え方で言えば「**SV（主語と動詞）だけ**」の文なのです。文の基本の意味は単に「**Sは…する**」って感じ。
listen のような、自動詞（前置詞を使わないと、直後に名詞を続けることができない動詞）を使う文は、SVのカタチになるってことです。

3. The mountains are beautiful in winter.（その山々は冬に美しい。）
4. His sister is a teacher at my school.
（彼の姉はボクの学校の先生だ。）

be 動詞の後ろに入る言葉のことを「**補語（C）**」っていうんでしたよね。だから、**3**、**4**は、どちらも**〈主語＋（be）動詞＋補語（＋前置詞＋名詞）〉**というカタチ。コレを記号で表せば、**SVC**となります。文の基本の意味は「**SはCだ**」って感じ。
be 動詞を使う文は、SVCのカタチになるってことです。
ちなみに、〈前置詞＋名詞〉については、be 動詞の直後に入る場合は補語（C）と考えていいけど（p.86参照）、そのまた後ろに〈前置詞＋名詞〉が入ったら、それは「オマケ要素」として無視するってのが、チョットややこしいところ。

さて、３パターンの文型が出てきたわけですが、**主語（S）と動詞（V）はすべての英文**に共通ですよね。で、その後ろに、**目的語（O）**、もしくは**補語（C）**のどちらかが入るか、あるいは何もなしか……それだけの話。
そして、**動詞の後ろに何が続くか、あるいは何も続かないかは、すべて動詞次第**。つまり、使われている動詞が、「**他動詞／自動詞／ be 動詞のどれか？**」で、動詞の後ろのカタチは変わってくるのです。
これが何を意味するかと言うと……。

気づきましたか？

結局、「**文型**」というのは、
「どんな動詞が使われていますか？
それでその動詞の後ろにはどんなカタチが続くのですか？」
ということなのです。で、それを**主語（S）、動詞（V）、目的語（O）、補語（C）**のような、記号（用語）使って確認したらどうなるかというだけの話。
要は「**文型！**」って、「**今までこの本の中でやってきた内容そのものであり、それを言い換えただけ！**」なんですね。

……とはいえ、この「文型」という言葉に対して、（ボク自身も含めて）多くの人が感じる心理的抵抗感はものすごいものがあると思います。
「**文型、イヤ！**」
という気分になったら、次のように考えてください。

重要

★「文型」ってこういうこと！

そのゼロ（大前提）：「文型」とは、動詞の違いで決まる「文の骨組み（特に動詞の後ろのカタチ）」のこと！

その1：「後ろにどんなカタチ（文型）を続けることができるのか？」は、動詞ごとに決まっている！

その2：また、その動詞の後ろのカタチ（文型）ごとに、「『文の基本の意味』がどうなるか？」も決まっている！

その3：結局、英語の文全体の意味は、「動詞自体の意味＋文型による基本の意味（＋その他のオマケ要素の意味）」で決まる！

ね、**「文型」って大事でしょ？**
何度か上の３（４？）カ条を呪文のように繰り返し唱えれば、文型の大切さが身に染みて、きっと抵抗感はなくなる……はず。

さて、**「文型」という考え方で文をとらえるメリット**をもうひとつ。

「文型とは、文の中の〈前置詞＋名詞〉とか副詞とか助動詞とかを『オマケ要素！』として、無視する文のとらえ方！」
と先ほど述べましたよね。実は、これが大切なポイントだったりします。

文の中にいろいろと「言いたいこと」を詰め込む上では、こういうオマケ要素がとても役立ちます。でも、一方では、「**オマケ要素のせいで、文のカタチがどんどんややこしくなって、話のつながりがわかりにくくなる**」という一面もあるんですね。だから、

「文にオマケ要素が入りすぎて、ややこしくなったら、一度、**オマケ要素を全部取り除いて、文の中で最も大切な最小単位の骨組み（主語（S）、動詞（V）、目的語（O）、補語（C））だけ**にしてみましょう。そうすれば、**そもそも文がどういうカタチで、どういう意味だったのか**理解しやすくなり

ますよ」

ということなんです。

つまり、「**文型！**」ってヤツは、英語の仕組みを考える人たちの、
「こういうふうに考えれば、長くて複雑な英文もわかりやすくなりますよ」
って、お節介から生まれた考え方みたいなものなんですね。

「いらんことすなーっ！！（怒）」
という人も、中にはいるかもしれませんが、偉い人が一生懸命、考えただけあって、ややこしい英語の文の仕組みや意味を考えるときには、確かにこうした文型の知識がスゴク役立ったりします。
このあとで「たっぷり」と実感してもらいますよ。お楽しみに！

さて、英語の**代表的な文型（動詞の後ろのカタチ）は全部で５つ**あります。
つまり、**SV、SVC、SVO**のほかに、あともう２種類あるんですね。
残りふたつについては、これからじっくり紹介していきますが、とりあえず、すでに登場している**SV、SVC、SVO**の３種類をベースにした「**より高度なカタチ**」とだけ言っておきましょう。
とはいえ、あくまでも文型の基本中の基本は、すでに紹介した３種類です。ココから先のより高度な文のカタチと意味を考える際に、必ずこの基本の３種類の知識が生きてきます。お忘れなく！！

……ちなみに、文法用語では**SVのカタチを「第１文型！」、SVCのカタチを「第２文型！」、SVOのカタチを「第３文型！」**と呼んだりします。
これは、全部で５種類あるから、区別のために、１とか２とか便宜上、番号を振っているだけの話。数字そのものには、ほとんど意味はありません。「まぁ、そんな分け方もあるんだなぁ」という程度に考えてください。

SVOOというカタチ

Q 「（ボクは）中田先生にボクの本を送ろう（＝ will send）」

を英語で表す場合、正しいのは次の**A**、**B**のどちらでしょう？

A. I'll send Mr. Nakata my book.

B. I'll send my book to Mr. Nakata.

「そんなのBに決まってんじゃん。
だって、動詞の後ろには名詞がひとつ続くカタチが基本で、さらに名詞を続けたいのなら、前置詞が必要でしょ？　動詞の後ろに名詞が２つ（前置詞ナシで）続いてる時点で、Aが正しいなんて、あり得ないんじゃないの？」

って思った人、**大当たり〜♪**
……と言いたいところですが、実は、**Bだけでなく、Aも正解**だったりして。

「今までと話が違うじゃないかぁ〜っ！！」
と激しく怒りに燃える人もきっといるはず。

でも本当に、よく思い出してください！
ボクはここまで、後ろに「**前置詞ナシで名詞をひとつ続けてOK！**」という他動詞の話をするときには、「**基本**」とか「**標準的**」とか「**ほとんどの**」って言葉をつけて、何だか歯切れの悪い言い方をしてきたと思います。
コレって、裏を返せば、「**標準的**」「**ほとんど**」という枠組に当てはまらない**例外と言うか、はぐれメタ○みたいな特殊他動詞もある**ってことです（覚えたら、「**経験値がっぽり！**」……かも）。

以上を踏まえて、他動詞について正確に説明するとすれば、次のようになります。

他動詞のほとんどは、後ろに前置詞ナシで名詞がひとつ続くタイプだけど、中には、後ろに「前置詞ナシで名詞を 2 個つなげてイイ！」という特例が許された他動詞もある！

今回、登場した **send** は、「**たまたま**」そんな動詞だったんですね。
そして、この send のような特殊他動詞を使って、**後ろに前置詞ナシで名詞を 2 個続けるカタチも英文の代表的なカタチ（＝文型）**のひとつだったりします。つまり、**新しい文型の登場**です！

「**もう、カンベンしてくれ……＿|￣|○**」
という人もいたりして。そういう人にグッドニュース。
「**後ろに前置詞ナシで名詞を 2 個続けてもイイ！**」というタイプの他動詞は、**特例だけあって非常に数が少ない**です。
動詞全体から見れば、ほんの一握り。**send** 以外では、

ask（たずねる）、buy（買う、買ってやる）、give（与える）、lend（貸す）、show（見せる）、teach（教える）、tell（話す）

などが代表例で、こうした動詞さえ丸暗記しておけば、間違いなく「**余裕！**」で対応できます！！
と、ココでまた問題。

Q

I'll send Mr. Nakata my book.

という英文のカタチ（文型）をS、V、O、Cという記号で表してください。

「**主語に当たる名詞」はS**
「**文の結論を示す動詞」はV**

「目的語に当たる（他動詞の後ろに前置詞ナシで入る）名詞」は O

でしたね？
ココでは主語と動詞の間に「**これから…する**」という未来の話をするときに使う助動詞 will が割り込んでますが、文型を考えるときには、こういう「**オマケ要素は無視するのがポイント！**」でしたよね。ですから、正解は、

I'll send Mr. Nakata my book.
Ⓢ Ⓥ Ⓞ Ⓞ

となります。
つまり、**記号で表せば、SVOO**。

ということで、この、**send みたいな特殊な動詞を使う場合に許されている、「後ろに前置詞ナシで名詞（目的語）を２連チャン！」**というカタチの文を、文法用語では **SVOO**の文、または「**第４文型！**」の文と呼んだりします。

SVOOの注意点

さて、ここからは**SVOO**タイプの文のふたつの**O**（目的語）についての注意点を述べたいと思います。でも、このカタチ（文型）って、
「**O**（目的語）がふたつもあってややこしい……」
って感じませんか？　だから、ココからは、便宜的に

I'll send Mr. Nakata / my book.
S　V　O1　O2

のように、**SVOOの最初のOをO1、二番目のOをO2と呼ぶ**ことにします。

> **Q**
> I'll send my book Mr. Nakata.
>
> という英文が正しければ○（マル）を、間違っていれば×（バツ）をつけなさい。

と、質問しつつ、いきなり答えを言うと、この英文は×（バツ）。

「え、何で？　send は『後ろに前置詞ナシで名詞を2個続けてもイイ！』って動詞でしょ？　何でダメなの？？」

と思う人もいるかもしれないけど、ココで問題なのは**O（目的語）の順番**です。わかりやすく並べてみると、

○ **I'll send Mr. Nakata / my book.**
O1　O2
× **I'll send my book / Mr. Nakata.**
O1　O2

のように、○（マル）の場合と×（バツ）の場合では、**O1とO2の位置に入**

る名詞が逆になっていますよね。

実は、「**SVOO**タイプの文では、**動詞の後ろに前置詞ナシで名詞を2個続けてもイイ！**」と言っても、どんな名詞でも好きな順番につなげていいというわけではなくて、

「O1」の位置には「人を指す名詞（あるいは「人」に準ずる名詞）」、
「O2」位置には「ものを指す名詞（「人」以外の名詞）」が入る！

という「**お約束！**」があったりするのです。
そして、このカタチの文は、必ず「O1（人）に　O2（もの）を　…する」という意味になります。

日本語の場合、「**人にものを送る**」と伝える場合、
「**ボクは親に荷物を送ります**」
「**ボクは荷物を親に送ります**」
という2通りの言い方ができますが、SVOOタイプの英文は、
〈動詞＋人を指す名詞（O1）＋ものを指す名詞（O2）〉
という順番しか認められません（**〈動詞＋ものを指す名詞＋人を指す名詞〉という順番は不可！**）。

だから、「**（ボクは）中田先生にボクの本を送ろう**」という内容をSVOOのカタチの英文で表そうと思ったら、

I'll send Mr. Nakata / my book.
O1　O2

という具合に、**必ず人を指す名詞（Mr. Nakata）が先（O1の位置）にこないといけない**というわけです。

Q 次の日本語の文を英語に直してみましょう。

1. お願い、ボクに何か（something）買ってぇー（buy）。
2. ボクがキミにお金をいくらか（some money）あげよう（will give）。
3. キミにこのCD貸してあげる（will lend）。
4. ボクにその写真、見せて（show）。
5. ボクがキミに英語を教えよう（will teach）。
6. 彼はボクに面白い話を（話）してくれた（told）。

今回は、かなりヒントをサービスしているので、そんなに難しくなかったと思います。

まず、上の問題文で使う動詞はすべて、p.262で紹介した「**後ろに前置詞ナシで名詞を2個続けてもイイ！**」特別な動詞の代表例。つまり「**SVOOというカタチ（文型）が許されている！**」動詞ばかりです。
だから、上の**1**～**6**は全部SVOOのカタチで表せばOK。
ただし、**1**と**4**は、どちらも「**…しろ**」っていう「**命令文！**」なので、主語ナシで動詞は原形になります。つまり、**SVOOなんだけど、ココではSが入らないVOOってカタチ**。
あとは**O1の位置に人を指す名詞、O2の位置にものを差す名詞**という基本ルールさえ守れば、大きく間違えることはないはず。ということで、

1. Please buy me / something.
O1 O2
2. I'll give you / some money.
O1 O2
3. I'll lend you / this CD.
O1 O2
4. Show me / the picture.
O1 O2

5. I'll teach you / English.
O1 O2

6. He told me / an interesting story.
O1 O2

とすれば正解。
SVOOの文のカタチと「**人を指す名詞**」が「**O1の位置**」に必ず入る感覚に慣れてきましたか？

なお、少し意外なところでは、**read や cook なども、SVOOのカタチが可能な動詞**だったりします。

He read me / the book yesterday.
O1 O2
（彼は昨日、ボクにその本を読んでくれた。）

I'll cook you / dinner.
O1 O2
（晩ご飯をつくってあげるよ。）

という具合です。

SVOO ⇔ SVO？

SVOOというカタチ（文型）では、O1の位置に必ず人を指す名詞が入るというのは、ここまでに述べた通りです。
……とか言うと、

「そっかぁ、じゃあ、send とか give みたいに、SVOOのカタチをつくれる動詞を使うんなら、動詞の直後には必ず人を指す名詞を続けないとダメなんだね！」

と軽く勘違いしてしまう人も出てきたりして。

正しくは、
「英語の文をSVOOのカタチにしようと思ったら（つまり動詞の後ろに前置詞ナシで名詞を２個続けようと思ったら）、動詞の直後には人を指す名詞を続けなければいけない！」
ということであって、
「send や give などの直後に『ものを指す名詞』を続けることはできない！」
ってことではないですよ、念のため。

SVOOタイプの動詞だって、直後に「ものを指す名詞」を続けることはできるんです。ただし、その場合、**SVOOのカタチにはできないということ。**
だから、

I'll send my book to Mr. Nakata.
（（ボクは）ボクの本を中田先生に送ろう。）

のように、**接着剤代わりの前置詞（to）を挟んで、その後ろにふたつ目の名詞（「人を指す名詞」）を続けるカタチ**になります。

ところで、このタイプの英文のカタチ（文型）を、例の記号を使って表すとどうなるかわかりますか？

「文型」の考え方では、動詞の後ろに前置詞ナシで続く名詞（目的語）がO、そして〈前置詞＋名詞〉はオマケ扱いして無視するんでしたよね。
ということは、この英文は、**ただのSVO！** つまり、

「同じ send という動詞を使っていても、後ろに『人を指す名詞』をもってくるか、『ものを指す名詞』をもってくるかで、SVOOにできたり、SVOになったり（SVOにしかできなかったり）する！」

ということなんです。

Q **次の英文を日本語に訳し、さらに「O2の名詞（人以外の名詞）を動詞の直後に続けるカタチ」の英文に直してください。**

1. Ichiro taught Satomi (O1) / English (O2).
2. Please tell the boy (O1) / her name (O2).
3. He read the audience (O1) / his poem (O2).
4. Did you buy your child (O1) / a new guitar (O2)?

要は、**「SVOOの英文をSVOのカタチに直せ」**って問題ですね。
だから、「ものを指す（人以外の）名詞」を動詞の直後にもってきて、その後ろに前置詞を挟んで「人を指す名詞」が続くカタチに変えれば、それでOK。
正解は次の通り。

1. イチローはサトミに英語を教えた。
→ **Ichiro taught English to Satomi.**

2. その男の子に彼女の名前を教えてあげてください。

→ Please tell her name to the boy.

3. 彼は聴衆に（彼の）詩を読んだ（読んで聞かせた）。

→ He read his poem to the audience.

4. あなたは自分の子どもに、新しいギターを買ってやったのですか？

→ Did you buy a new guitar for your child?

……と、ココで注意点。
「**1～3は間に入る前置詞が to なのに、4だけ for になってる！**」
と気づいた人はいるでしょうか？

実は、**SVOOのカタチ（文型）がアリな動詞を、SVOのカタチ（文型）で使う場合（「ものを指す名詞」を動詞の直後に続ける場合）、「人を指す名詞」の前に入る前置詞が to になるタイプの動詞と、for になるタイプの動詞に大きく分かれる**のです。

to になるタイプの動詞と、for になるタイプの動詞の違いはビミョーですが、簡単に言うなら、**その動作の影響力の違い**といったところでしょうか。
to のタイプの方は動作が直接「人」に影響する（「もの」が「人」に直接移動する）感じのものが多く、for の方は動作が「人」に直接影響するところまではいっていない感じ。
ニュアンス的には、for タイプの方が「**～のためにわざわざ…してやる**」というちょっと恩着せがましい感じがします。

なお、SVOOタイプの動詞の中でも、**ask** だけは例外的に O1とO2を入れ替えたときに、間に入る前置詞が **of** になります。

She asked me a difficult question.（彼女はボクに難しい質問をした。）

⇔ **She asked a difficult question of me.**

という感じ。こればっかりは、理屈ではなく、丸暗記してください。
とりあえず、ホントにコレだけですので。m(__)m

さて、SVOタイプの英文とSVOOタイプの英文を同時に日本人に見せた場合、同じ意味であるにもかかわらず、多くの日本人が、
「**SVOタイプの英文の方が自然！**」
と感じる傾向があるようです。
つまり、日本人にとっては、動詞の直後に「ものを指す名詞」をもってきて、その後ろに前置詞を挟んで、「人を指す名詞」を続けるカタチの方が圧倒的に自然だということですね。これは多分、日本人の多くが、
「**英語の動詞の後ろには、前置詞ナシで名詞がひとつだけ続くもの！**」
と無意識に信じ込んでいるからだと思います。

ところが、英語人の会話を実際に聞いていると、SVOOタイプのカタチが可能な give、send、tell といった動詞を使うときには、**SVOではなくSVOOのカタチを使うことの方が圧倒的に多い**ようです。
つまり、英語人にとっては、(SVOOタイプの動詞を使うなら) 動詞の直後に「ものを指す名詞」をもってきて、その後ろに前置詞を挟んで、「人を指す名詞」を続けるカタチよりも、**「人→もの」の順番で前置詞ナシで名詞を2個続ける方が圧倒的に自然**ということですね。

これは日本人の感覚と英語人の感覚の大きな溝と言えるでしょう。
日本人にはなじみにくい**SVOOのカタチに慣れることこそ、英語人の感覚に大きく近づくための第一歩！**
そして、「**慣れる**」ためには、「**練習あるのみ！**」ですよ。

……というわけで、次ページの「**『ふくしゅう』宿屋**」へGo！

「ふくしゅう」宿屋……セミファイナル

英語の文型は全部で５つ。つまり、あともうひとつを残すのみ！　……なんですが、このステップは覚えることが多いので、ココでいつもの「『ふくしゅう』宿屋」へいってみましょう。残るは、RPGなら、さしずめ「ラスボス」ともいえる最難関文型。ココでしっかり「文型」の基礎をおさらいしておきましょう。

Q 次の英文の文型をS、V、O、Cの記号で表して、日本語に訳しましょう。

1. I saw the poster on the wall yesterday.
2. My parents usually go to the hospital near the park.
3. The girl with brown hair couldn't ask the policeman at the police station a question about the accident.

ここで「文型！」の基礎を簡単におさらい。
ポイントをアタマに叩き込んだ上で、満足のいく英文ができあがったら、p.274の「解答と解説」へ。

文型の基礎とSVOOというカタチ

そのゼロ（大前提）：「文型！」とは動詞の違いで決まる「文の骨組み」のこと。そのポイントは次の通り。

①「文型！」を考えるときには、主語（S）、動詞（V）、目的語（O）、補語（C）を最小単位の構成要素とみなし、それ以外の〈前置詞＋名詞〉や副詞、助動詞などは、すべてオマケ要素として無視してしまう。

②「文型！」と、「文全体の意味」がどうなるかは密接な関係にあり、複雑な英文を正確に理解し使いこなす上で、この「文型」という考え方

は非常に重要！

その1：後ろに名詞をひとつ前置詞ナシで続けることができる（目的語をひとつ続けることができる）他動詞を使う文をSVOの文という。

例：彼はその犬が好きではなかった。

He didn't like the dog.
S V O

その2：前置詞を使わないと、直後に名詞を続けることができない自動詞を使う文をSVの文という。

例：その電車はいつも9時前にその駅に着く。

The train always arrives at the station before nine.
S V

その3：be 動詞を使う文をSVCの文という。

例：この本はとても簡単だ。

This book is very easy.
S V C

その4：他動詞の中には後ろに名詞を2個、前置詞ナシで続けることができる（目的語を2個、続けることができる）特別な他動詞もある。このような動詞を使った、〈主語＋動詞＋名詞＋名詞（＋その他）〉というカタチの文をSVOOの文という。

例：彼女は彼に手紙を送った。

She sent him the letter.
S V O1 O2

⇒SVOOのカタチの意味の決め手は語順である。上の例のように、SVOOの最初のOをO1、二番目のOをO2とした場合、必ず「O1にO2を…する」という意味になる。この順番を無視して「O1をO2に…する」のような意味にとらえることはできない。

重要

●目的語を２個、続けることができる代表的な他動詞一覧

ask（たずねる）、buy（買う、買ってやる）、cook（料理してあげる）、give（与える）、lend（貸す）、read（読んであげる）、send（送る）、show（見せる）、teach（教える）、tell（話す）など

その5：英文をSVOOのカタチにする場合、動詞の直後に続く名詞（最初の目的語）は必ず「人を指す（人に準じる）名詞」でないといけない。動詞の直後に「ものを指す名詞」をもってきた場合、SVOOというカタチは許されない（その後ろにさらに名詞を続けるには、必ず前置詞が必要になり、SVOのカタチにしかできない）。

●SVOO ⇔ SVO の例

He gave her a present.（彼は彼女にプレゼントをあげた。）
Ⓢ Ⓥ Ⓞ Ⓞ

⇔ He gave a present to her.
Ⓢ Ⓥ Ⓞ

解答と解説

1. I saw the poster on the wall yesterday.
Ⓢ Ⓥ Ⓞ

→ ボクはその壁のポスターを昨日見た。

後ろに前置詞ナシで、名詞がひとつ続く他動詞を使う英文だから、文型を記号で表すと**SVO**となります。ココでは **the poster on the wall** が「**壁（にくっついてる状態）のポスター**」という１セットの名詞感覚になりますが、文型を考えるときには、on the wall のような〈前置詞＋名詞〉は「**オマケ要素として無視！**」してしまっても問題ありません。**yesterday（昨日）**は

一見、名詞のようですが、「**時を表す表現は一見、名詞みたいでも英語では副詞扱いのことが多い！**」のでしたよね。この yesterday も時を表す副詞。文型を考えるときには副詞も無視するので、SVOOの文とはなりません。

2. My parents (S) usually go (V) to the hospital near the park.

→ボクの両親は、普段、公園の近くの病院へ行きます。

前置詞を使わないと、直後に名詞を続けることができない自動詞を使う、英文の文型は、**SV**でしたよね。この文には、主語や動詞以外にも、**usually（普段）**のような（頻度を表す）副詞や、**to the hospital（病院へ）**、**near the park（公園の近くの）**のような〈前置詞＋名詞〉など、いろいろな言葉が入っています。でも、文型を考えるときには、こうした「オマケ要素」をすべて無視してしまうのがポイント。この考え方が、複雑なカタチの英文の意味を考えるときに生きてきます。まず最低限の文型を押さえ、大まかな意味を把握する。そして、それに、副詞や〈前置詞＋名詞〉などの「オマケ要素」の意味をつけ足していく。そうやって考えた方が、意味を理解しやすい場合もあります。

3. The girl (S) with brown hair couldn't ask (V) the policeman (O) at the police station a question (O) about the accident.

→その茶髪の少女は、その警察署の警官に、事故についての質問をすることができなかった。

なかなかに複雑なカタチの英文ですが、やるべきことは今までと同じ。まず、主語（S）は **the girl（少女）**、動詞（V）が **ask（たずねる）**、目的語（O）が **the policeman（警官）**です。ポイントは、ask のもうひとつの目的語である **a question** を文の中から見つけ出すこと。オマケ要素である助動詞や〈前置詞＋名詞〉のまとまりをすべてカッコに入れて、一度、文からとり除いてしまうと、文の中で浮いている a question が見つかり、この**SVOO**のカタチが見えやすくなるはず。
ココでは、「**少女（the girl）←茶色の髪の（with brown hair）**」、「**警官（the policeman）←警察署の（at the police station）**」、「**質問（a question）←事故についての（about the accident）**」といった具合に、〈前置詞＋名詞〉のセットがどれも後ろから前にある名詞を説明している点にも注意（p.150も参照）。このように何が何をどう説明しているかを見抜けるようになると、文のカタチ、意味を理解しやすくなります。

Q

次の日本語の文の内容と、それに対する英語の文について、英文が正しければ○をつけ、間違っていれば正しい文に訂正しましょう。

1. 彼は、数学を（彼の）生徒たちに教えられなかった。
He couldn't teach math to his students.

2. ボクのいとこが昨日、ボクにそのゲームとCDを買ってくれた。
My cousin yesterday bought me to the game and the CD.

3. アナタは昨日の夜、彼女に何を伝えたの？
How do you told to she yesterday night?

解答と解説

1. 彼は、数学を（彼の）生徒たちに教えられなかった。
○ He couldn't teach math to his students.

teach（教える）は、前置詞ナシで名詞を２個、後ろに続けることができる特別な他動詞ですが、SVOOのカタチにできるのは、あくまでも直後に「人を指す名詞」をもってくる場合だけ。元の英文のように、直後に「ものを指す（人以外の）名詞」をもってきた場合、その後ろにさらに名詞を続けたいなら、必ず前置詞が必要になります。よって、この英文は○（マル）。math（数学）ではなく、his student（彼の生徒）を teach の後ろにもってきた場合には、**He couldn't teach his students math.** のように前置詞ナシで math をその後ろに続けないといけません。

2. ボクのいとこが昨日、ボクにそのゲームとCDを買ってくれた。

× My cousin yesterday bought me to the game and the CD.

→ ○ My cousin bought me the game and the CD yesterday.

「**買ってやる**」を意味する **buy** も後ろに前置詞ナシで名詞を２個続けられる特別な他動詞。なので、元の英文のように、後ろに人を指す名詞（me）が続くなら、to のような前置詞は不要。そのまま、さらに後ろにものを指す名詞を続けることができます（もっと言えば、「続けないといけない」）。さらに、ココでは **the game** と **the CD** という２つの名詞が、等位接続詞の **and** でつながって１セットになるところに注意。また、元の英文では、yesterday（昨日）の位置も変。yesterday のような「時を表す副詞」の位置は、文の頭か、文の終わりでしたよね。

3. アナタは昨日の夜、彼女に何を伝えたの？

× How do you told to she yesterday night?

→ ○ What did you tell (to) her last night?

「**何を……？**」とたずねるときには、how ではなく what という疑問詞を使います。この時点で元の英文はダメ。さらに「**伝えたの？**」という過去の疑問文なので、疑問文のカタチは、**did (you) tell ...?** となるはず。また、「**彼女に**」は、she ではなく **her** ですよね。「**昨日の夜**」は、yesterday night ではなく、**last night** と表すのが普通です。

さて、問題はココから（ちょっと難しいかも）。

仮に「**疑問詞は文頭に出る**」という**決まりがないもの**と考えてください。

tell（言う、伝える）は、**後ろに前置詞ナシで名詞を２個続けられる**特別な他動詞です。ココでは、日本語の文が「**彼女に・何を**」となっていますね。ですから、「**彼女に（her）**」という「人を指す名詞」を tell の直後にもってきた場合は、その後ろに「**何を（what）**」という「ものを指す（人以外の）名詞」が続く**SVOO**のカタチ、tell の直後に whatをもってきた場合は、その後ろに前置詞を挟んで her が続く**SVO**のカタチになります。つまり、

A. Did you tell her what last night?
B. Did you tell what to her last night?

の２パターンが考えられるわけです。
ただし、これは、あくまで「**疑問詞は文頭に出る**」という「**決まりがなければ**」という「もしも」の話。現実には、「**疑問詞は文の中での主語、目的語などの役割に関係なく位置は文の頭**」という「**特別扱い！**」の品詞です。よって、上のA、Bから、疑問詞の what をそのまま文頭に抜き出して、

A. What did you tell her ________ last night?
B. What did you tell ________ to her last night?

という２パターンが実際には正解となります。つまり、her の前に to が入るパターンと入らないパターン、どちらもアリなんです。ただし、どちらも間違いではないけれど、「**英語人の感覚では、どちらが自然か？**」という観点から考えれば、p.271でも説明したように、前置詞ナシのSVOOのカタチ（Aのパターン）の方が自然です。

STEP 12-2

難度Sの文のカタチ（後編）

SVOCというカタチ

まず、前の内容の復習から。

Q 次の英文の意味を考え、文型をS、V、O、Cという記号で表してください。

1. She baked the cake.
2. She baked the cake soft.

＊ヒント！ **bake** は「（ケーキなどを）焼く」という意味。

1 は「**彼女はそのケーキを焼いた**」って意味ですね。
動詞の後ろに前置詞ナシで名詞が続いてるんだから、**SVO**という文のカタチ。
コレは問題ないはず。

一方、**2** は、She baked the cake という部分までは、**1** とまったく一緒ですが、その後ろに **soft** という単語がくっついています。ちなみに、この soft は、「**やわらかい**」という意味の**形容詞**。つまり、文全体では、
〈SVO＋ 形容詞（soft）〉
というカタチですね。

「**でも、何でこんな変な場所に形容詞がつくんだ…… _|￣|○**」

という妙な居心地の悪さを感じた人もきっといるはず。
ゴメンナサイ。復習とか言いつつ、実は新しいカタチだったりして（笑）。
この英文のカタチをS、V、O、Cという記号を使って表すと、

She (S) **baked** (V) **the cake** (O) **soft** (C)**.**

となります。

このような動詞（V）の後ろが、「**OC**」という組み合わせになるカタチ（全体で**SVOC**というカタチ）も、代表的な文のカタチ（文型）のひとつです。こういうカタチの文を、文法用語では**SVOC**の文、または「**第５文型！**」の文と言います。つまり、全部で５つの文型のうち、残っていた最後のひとつがついに登場！　めでたし、めでたし！！

……というわけにはいきませんよね、やっぱり。
この文のカタチを見て、

「**えっ、be 動詞の後ろじゃないのに、何でC（補語）があるの？　ハナシガチガウヨ！！**」

と、戸惑う人もきっといると思います。
なぜなら、ココまで、「**補語とは、be 動詞の後ろに続く言葉のこと**」で、「**補語が入る文のカタチといえば、SVC**」とずっと説明してきましたから。

実は、このカタチには**ちょっとしたカラクリ**があるのです。あくまでも、「イチロヲ流」ですが、ちょっと解説してみますね。

Q 次のふたつの英文を、ひとつの英文にまとめてみましょう。

She (S) baked (V) the cake (O).（彼女はケーキを焼いた。）

The cake (S) was (V) soft (C).（そのケーキは柔らかかった。）

接続詞の and を使って、

She (S) **baked** (V) **the cake** (O) **and** **the cake** (S) **was** (V) **soft.** (C)

と表せば正解。接続詞を使えば、本来ならひとつの文にひとつずつのはずの**〈主語＋動詞〉**というカタチを、文の中に２個以上入れてもOK！　……でしたよね？

なのですが、どうもこういう言い方は、

「メンドクサイというか回りくどい。もっと簡単に表す方法があるはずだ！」

というのが、何事にも合理的な英語人の感覚だったりします。というのも、この文の場合、**the cake という同じ名詞が２回も繰り返しで出てきて、**しかも、後半の動詞は**「カタチだけ動詞」で具体的な意味がない be 動詞**ですよね。

「だったら、the cake という同じ名詞の繰り返しと be 動詞は、この際、省略してしまってもいいんじゃないかな？」

これが、ステップその１。つまり、

She baked the cake and (the cake was) soft.

↓

省略の候補

というカタチ。

さて、**the cake was** という**〈主語＋動詞〉**が省略の候補となったことで、さらなる省略のターゲットとして浮上するのが、接続詞の **and** です。この and は、そもそも、

「本来ならひとつの文にひとつずつのはずの〈主語＋動詞〉というカタチを、文の中に２個以上入れるには、接続詞が必要」

って理由で、文の中に入っていたのでしたよね。

「〈主語＋動詞〉というカタチがひとつしかないなら、接続詞は不要では？」

そんなわけで、

She baked the cake (and the cake was) soft.

↓

全部省略！

というカタチの出来上がりです。**でも、このカタチ、どっかで見ましたよね？**

……なんて話は、まぁ、極論として、話半分で聞き流してもらってもいいのですが、結局、ボクが言いたかったのは、**SVOCは、SVOとSVCの両方を兼ね合わせたような性質をもつカタチ**ということなんです。意味にしても、

「彼女はそのパンを焼いた」＋「そのパンは柔らかかった」＝「彼女はそのパンを柔らかく焼いた」

というゴチャ混ぜみたいな感じ。要するに、

> **SVOCのOCという部分には、SVCの発想と見えない be 動詞が潜んでいる！**

と考えるのが、**SVOC**のイメージをとらえる秘訣なんです。でも、

「見えない be 動詞を心の目で見ろなんてムチャ言われても……＿|￣|○」

という人は、次のように考えてください。

> **「補語！」とは、前にある名詞の内容を（補って）説明し、前にある名詞とイコールの関係になる言葉のこと！**

つまり、

The cake is soft.
Ⓢ Ⓥ Ⓒ

のようなSVCの文の場合には、補語（C）が、be 動詞を挟んで前にある名詞（すなわち主語（S））の様子を説明し、イコールの関係になる感じ。また、

I baked the cake soft.
Ⓢ Ⓥ Ⓞ Ⓒ

のようなSVOCの文の場合には、補語（C）が、直前の名詞（すなわち目的語（O））を補って説明し、イコールの関係になるといった具合。

「でも、動詞が be 動詞の場合はいいとして、一般動詞のときに補語（C）を見つけ出したり、SVOCのカタチかどうかを見分ける自信がない……
_|￣|○」

という人は、目的語（O）の後ろに続く語の、**品詞に注目**してみましょう。**目的語（O）の後ろに、いきなり形容詞が入って、それで文が終わりになっていたら、その形容詞は目的語（O）を説明する補語（C）**、そして**その文はSVOCのカタチ**です。ハッキリ言って、SVOCの文は、ほとんどこのパターン。一部、例外もありますけど、それについては個別に紹介するのでご心配なく。

「目的語（O）の後ろに、いきなり形容詞だけが続いていたら、SVOCの第５文型！」
そう決めつけちゃって、OKです。

SVOC攻略法

SVOCのカタチは、「**何となく……**」理解できてきたでしょうか？

「**これくらいなら、何とかなりそうかな？**」
と思ってくれた人も「ひょっとしたら」いるかもしれませんが、ココでちょっと（かなり？）イヤな話をしますね。実は、

「**SVOCという文型は、英語人には好まれ、頻繁に使われるが、日本人にとっては最も理解に苦しむ文型！**」

だったりします。その最大の理由は、

「**SVOCのOは、SVOという部分の目的語（O）であると同時に、OCというカタチの中では補語（C）に対する実質的な主語（S）の役割を果たす**」

というところ。「？」な人もいるかもしれないけど、要は、たったひとつしかない目的語（O）が、同時にふたつの役割を果たしてしまうわけです。

そのため、合理性を重んじる（？）英語人からは、
「**一語で済んで、とってもベンリ♪**」
と好かれますが、一方で、丁寧さを重んじる（？）日本人にしてみれば、
「**違う役割をするんなら、ちゃんと別々に言ってくれぇー！！**」
という話になってしまうんですね。
このように、SVOCとは、英語人と日本人の根本的な感性・考え方の違いがダイレクトに出た文のカタチ！　……と、言えなくもないわけです。

さらに、日本語と英語の根本的なシステムの違いもあります。
日本語は文の最後に結論を言う言語です。それに対して、**英語は文の最初に（主語の次に）結論を言ってしまう言語**でしたよね。要するに、

SVOCのように（いきなり結論を言ってから）、ほかに言いたいことがあれば、どんどん後ろに説明をつけ足していくのが英語のシステム！

なんです。
それに対して、結論を言ったら、それで文が終わりで、ほかに何かつけ足したかったら、新しく文をはじめる必要があるのが日本語のシステム。

……ちなみに、ヨーロッパ系の言語の多くは、英語とよく似た感覚です。つまり、**後ろに説明をつけ足していく言語**。だから、ヨーロッパの人たちは、たとえ母語が英語じゃなくても、割と簡単に英語を身につけられます。
ボクたち日本人と違って、ヨーロッパの人たちは、英語を身につける上で、有利な資質をもっているんですね。悔しいけど。

ちょっと意外なところでは、例えば、トルコ語なんかは、日本語に近いシステムだったりします。だから、日本人には、とてもわかりやすい。ボクも学生時代に少しかじったことがあるのですが、現地へ行ったときにも、日本語の感覚で単語を並べるだけでかなり通じてしまいました。

逆に、多くのヨーロッパの人たちにとっては、トルコ語はきっと難しいはず。
トルコ語に限らず、アジア系の言語を身につけようと思ったら、ヨーロッパの人たちは、言語のシステムの違いで、すごく苦労するでしょう。こういう言語を身につけるときには、ボクたち日本人の方が圧倒的有利！

……と、話がそれましたが、要は、言語としてのシステムが根本的に違うんだから、日本人にとって英語がわかりにくいのは、ある意味、当たり前ってことです。

p.150で、**〈前置詞＋名詞〉が後ろから名詞を説明する**パターンを紹介しましたが、実はこれも「**後ろに説明をつけ足す**」英語人ならではの発想から生まれたカタチ。とはいえ、「**SVO＋〈前置詞＋名詞〉**」のカタチのように、Oとその後ろの名詞の間に両者のつながりを示す前置詞などが入っていれば、まだマシなんです。これだったら、日本人にも「何となく」わかる。

最も問題なのは、**SVOCのように、目的語（O）と補語（C）がただ並んでいるだけ**って場合。つまり、**OとCの間に、ふたつがつながっていることを示す目印のようなものが、何ひとつ入らない**場合ですね。

この場合、日本人の感覚では、「**SVOでひと区切りついた！**」と感じるところに、何の予告もなく**中途半端なもの（C）がムリヤリくっつけられた**ように思えてしまいます。だから、日本人の多くは、SVOCのSVOまでは割とすんなりわかるけど、Cが出てきたら、突然「**？**」となってしまう。日本語ベースでものを考える日本人にとっては、それがある意味、当たり前。

しかし！　この「**後ろに説明がつけ足されるのをじっと我慢して待つ感覚**」こそが、この**SVOCというカタチを攻略する上での最大のカギ**なんです。
そして、これはSVOCに限らず、日本人が**真の英語力に開眼**しようと思ったら、避けては通れない道でもあるのです。
はっきり言って、この感覚を身につけられるかどうかが、**ココから先の複雑な英語を攻略できるかどうかの分かれ目！**

ちなみに同時通訳の人たちも、お仕事のとき、「**結論を文の終わりに言うか**」それとも「**文のはじめに結論を言って、そのあとで説明をつけ足すか**」という日本語と英語の根本的な違いで最も苦労するんだそうです。
彼らはそのために専門の訓練を受けたりもするんですけど、ボクたち一般人には、「日本語⇔英語」を瞬時に入れ替える高度な技は必要ないので、とりあえず「**後ろにつけ足される説明を（できるだけ）自然に受け入れる**」ための英語の受け皿みたいな感覚を自分の中につくれば、それで十分。

知識や理屈とは違って、こういう感覚は一朝一夕では身につかないかもしれないけど、まずは「**英語は日本語とはまったく違う！**」と割り切るところからはじめましょう。

違いさえ認めてしまえば、英語に少しゆとりをもって接することができるようになるし、「**後ろに説明がつけ足されるのを、じっと待つ**」英語人の発想・感覚が自分の中でなじんでくると、それだけで、
「なぜか急に英語力がアップした！」
ということも起こったりします。**コレはボクの実体験です！** \(^0^)/

……と、あまりこの本らしくない（？）精神論っぽい話をしましたが、ココからはいつものモードに戻って、SVOCの攻略法をもうひとつ。

ココまで何度も言っている通り、
「動詞から後ろのカタチを決めるのは動詞！」
です。後ろに「**OC（目的語＋補語）**」というカタチが続く動詞も決まっています。そして、SVOOタイプの動詞と同様に、**英文がSVOCのカタチになる動詞というのも非常に数が少ない**という弱点（？）があるんですね。
代表例は、次の通り。

重要

★SVOCタイプの動詞の代表例
- **call O C**　（OをCと呼ぶ［呼んでいる］）
- **drive O C**　（OをCの状態に追いやる）
- **keep O C**　（OをCの状態に保つ［しておく］）
- **leave O C**　（OをCの状態のままにしておく）
- **make O C**　（OをCの状態にする）
- **name O C**　（OをCと名づける）
- **paint O C**　（OをCの色に塗る）

すぐに気づいた人もいるかもしれませんが、ほとんどが、「**OをCにする**」という感じの意味ですね。
最初に例として出した bake は、いかにもSVO＋SVCっぽいムリヤリな感じがしたけど、ココで取り上げた代表例の多くは、後ろに自然に補語（C）が続く（むしろ補語を入れないと意味が中途半端な）感じの動詞なので、日本人

にもSVOCのカタチで覚えやすいと思います。

慣れないうちは、SVOCのOとCのつながり（切れ目）を見抜くのに苦労するかもしれませんが、先ほども述べたように、**SVOCというカタチの場合、Cはほぼ形容詞**です。ですから、

① まずSVOCタイプの動詞をしっかりと覚える
② 実際にSVOCタイプの動詞と出合ったら、「この動詞の後ろには、さらにOC（目的語＋補語）って感じで、説明がつけ足されるかも……」とじっくり待つ
③ Oの後ろが形容詞（だけ）なら、確実にSVOCと考えてOK！

という3段階のステップを踏めるようになれば、いくらSVOCといえども、「**おそるるに足らず！**」です。

SVOC ⇔ SVOO？

Q 次の英文を日本語に直してみてください。

My father made me angry.

先ほどご紹介した通り、**make** という動詞は、**SVOC**という文のカタチで、「**OをCの状態にする**」という意味を表すことができる動詞です。だから、

「**ボクの父は、ボクを怒った状態にした。→ボクの父は、ボクを怒らせた**」

という日本語に直せば正解。これはそんなに難しくなかったと思います。では、次の英文はどうでしょう？

Q 次の英文を日本語に直してみてください。

My father made me a doctor.

「同じように、『**OをCの状態にする**』という意味で、
『**ボクの父は、ボクを医者の状態にした。→ボクの父は、ボクを医者にした**』
って日本語に直せばOKでしょ？」

と考えたそこのアナタ！
……正解です。
でも、正解なんだけど、ひとつ気をつけてほしい点が……。
この文では、**C（補語）に当たるのが a doctor という名詞**ですよね？
p.284で「**一部、例外もあるけど、SVOCのカタチでは、Cはほぼ形容詞**」と述べましたが、ここで取り上げた **make** という動詞がその「**例外！**」なん

です。

つまり、ほとんどのSVOCの文は、C（補語）の位置に形容詞が入るけど、**makeという動詞は、例外的に、Cの位置に名詞を入れることもできる**ってことです。

Q 次の英文を日本語に直してみてください。

My father made me a nice chair.

「ほとんどさっきの文と一緒じゃん！
SVOCのCに当たるのが a nice chair になっただけなんだから、

My father made me a nice chair.
S V O C

って考えて、
『ボクの父は、ボクをステキなイスの状態にした。→ボクの父は、ボクをステキなイスにした』
……ア、アレ？　これって、なんか…… ((((；゜Д゜)))ｶﾞｸｶﾞｸﾌﾞﾙﾌﾞﾙ)」

気づきました？　この文をSVOCのカタチで考えると、「**恐怖の人間イス！**」になってしまうわけです。
解釈として「**まったくあり得ない！**」とは言わないけど、いくらなんでも……ねぇ？（「人間イス」を現実にやっちゃうのはマズイけど、「人間椅子」というバンドは現実にあります。「暗い日曜日」というボクの大好きな名曲があるステキなバンドです）

実は、**makeという動詞は、SVOCのカタチだけでなく、SVOOのカタチも可能**な動詞だったりします。つまり、

My father made me a nice chair.
S　V　O1　O2

という解釈も成り立つってことですね。なお、**SVOO**の場合、「**O1にO2をつくってやる**」という意味になります。したがって、

「ボクの父は、ボクにステキなイスをつくってやった。
→ボクの父は、ボクにステキなイスをつくってくれた。」

って感じですね。オニ親父から一転して、「**ステキなパパ**」のイメージ。
まとめると、

「〈make ＋名詞＋形容詞〉というカタチの場合は、SVOCと考えておけば間違いないけど、〈make ＋名詞その１＋名詞その２〉というカタチの場合は、

① make O1 O2 → O1にO2をつくってやる
② make O C → OをC（の状態）にする

という２通りのパターンを考えないといけない」

ということです。なお、make 以外では、**call** も、**〈call ＋名詞その１＋名詞その２〉**というカタチで、

① call O1 O2 → O1にO2を呼んでやる
② call O C → OをCと呼ぶ

という２パターンが可能な動詞だったりします。

とはいえ、後ろに名詞がふたつ続いて、かつSVOOとSVOCの両パターンが可能な動詞は、本当にこの make / call くらいなのでご安心を。

……さて、**〈make / call ＋名詞その１＋名詞その２〉**というカタチに出合った場合、SVOOなのかSVOCなのかを見分ける方法は、「**常識**」と「**前後の文脈**」。**ただそれだけ**です。
My father made me a nice chair. という文の場合、前後の文脈はないけど、**常識的に考えて、SVOOのカタチに解釈する方が自然**（でしたよね？）。
一方、その前の **My father made me a doctor.** という英文の場合は、

My father made me a doctor.
me: O1　a doctor: O2

というSVOOのパターンと解釈すると、「『**私の父は、私に医者をつくってやった**』**？？**」という意味不明な内容になってしまいます。だから、**常識的に考えて、最後の a doctor は目的語（O）ではなく、補語（C）として解釈する方が自然（SVOCのパターン）**ということになるんですね。

Q 次の英文を日本語に直してみてください。

The magician made Hurry a cake.

この場合、SVOOのパターンで解釈すれば、
「**魔法使いがハリーにケーキをつくってやった**」
SVOCのパターンで解釈すれば、
「**魔法使いはハリーをケーキにした**」
という意味になります。

もし主語が、普通の「人」なら「『**ハリーをケーキにする**』**なんて無理！**」なので、「**ハリーにケーキをつくってやった**」というSVOOのパターンが自動的に正解になります。でも、**何せこの英文の主語は、the magician（魔法使い）**です！
魔法使いだったら、ハリーのためにケーキをつくることはもちろん、ハリーその人をケーキに変えることだって夢ではない！！

……というわけで、この場合は、**どちらも○（マル）**。

「**ちょっと卑怯！**」かもしれませんが、試験などでは、こういうイヤらしいひっかけっぽい英文を目にすることもあります。ご注意を。

最もフクザツなSVOO、SVOC

さて、ココまでのまとめです。

Q 次の英文を日本語に直してみてください。

1. One of my friends sent the students at the school great books about human life.
2. Their pure desire for music in their youth made the girls with long dark hair pop idols of great talent.

上の英文を見て、
「**さっぱりわからん……＿|￣|○**」
と思わず本を閉じたくなった人もいるかもしれませんが、こういう複雑なカタチの英文に出合ったときこそ、ココまでに勉強してきた**「文型」についての考え方や知識が生きてきます！**

「**SとVは基本的にすべての文に共通**」、そして「**文型は動詞で決まる！**」のでしたよね？　ですから、まず、文の主語（S）と動詞（V）を探すのが基本姿勢。動詞が見つかったら、今度は後ろのカタチ（文型）がどうなりそうか見当をつける感じ。
「**単語が多すぎて、もう何がなんだか……**」
というときには、**副詞**や**助動詞**、（be 動詞の直後以外の）**〈前置詞＋名詞〉**を、すべて「**オマケ要素！**」として無視してしまいましょう。ココがポイント。

さて、そのことを踏まえて、上の文を見直してみると……、やたらと「**オマケ要素！**」であるはずの**〈前置詞＋名詞〉**が目につきませんか？　まずは、コレをカッコか何かに入れてみましょう。

1. One (of my friends) sent the students (at the school) great books (about human life).

2. Their pure desire (for music) (in their youth) made the girls (with long dark hair) pop idols (of great talent).

という感じ。
こうして見ると、何だか「**随分、簡単！**」に思えるのでは？
「**まだよくわからん……＿|￣|○**」
という人もいるかもしれませんが、とりあえずカッコに入れた「**オマケ要素**」は「ないもの」と考えてしまいましょう。つまり、

1. One sent the students great books.
2. Their pure desire made the girls pop idols.

みたいな感じですね。この２つの文に、S、V、O、Cといった記号を割り振って、「**文型！**」を考えていきましょう。

多分、**最も見つけやすいのは動詞（V）**だと思います。**1** なら **sent**、**2** なら **made** ですね。
次に見つけやすいのが主語（S）です。英語の基本のカタチは〈**主語＋動詞（＋その他）**〉なので、動詞さえ見つかれば、必然的にその前にある名詞が主語に落ち着きます。つまり、**1** なら **One（ひとり、ある人）**、**2** なら **Their pure desire（彼らの純粋な欲求）**が主語です。

問題はココから。**1** で使われている **sent** は **send（送る）**の過去形。そして、send は、**SVOOというカタチが可能な動詞**です。つまり、

1. One sent the students great books.
One = S, sent = V, the students = O1, great books = O2

がこの文の骨格。SVOOの文は、「**SはO1にO2を…する**」が基本の意味なので、この文の場合、
「**とある人が、生徒たちに素晴らしい本を送った**」
という感じですね。

仮に、send がSVOOというカタチが可能な動詞ということを知らなくても、**「動詞の後ろに前置詞ナシで名詞が２つ」**というカタチから、SVOOかSVOCのどちらかという見当はつくと思います。そして、
「〈動詞＋名詞その１＋名詞その２〉というカタチで、SVOOとSVOCの両方のカタチが可能なのは、make / call のみ」
でしたよね。だから、この文は自動的に**SVOO**。
もうひとつ言ってしまうと、**SVOCの文ならO＝Cの関係が成り立つ**はず。
でも、この文の場合、どう考えても、**「the students（その生徒たち）＝great books（素晴らしい本）」じゃないですよね？**　生徒が本って……。

というわけで、**1**はあらゆる面から考えて、**SVOO**となります。

2の方は事情がもうちょっと複雑。というのも**2**で使われている made という動詞は make の過去形。そして、先にも書いたように「**make は〈動詞＋名詞その１＋名詞その２〉というカタチでSVOOとSVOCの両方が可能な動詞**」なんです。つまり、

2. Their pure desire made the girls pop idols.
　　Ⓢ　Ⓥ　Ⓞ　Ⓒまたは Ⓞ

という、２つのパターンが文の骨格としてあり得るわけですね。
SVOOの場合は「**O1にO2をつくってやる**」、SVOCの場合は「**OをCの状態にする**」という意味になります。
どちらのパターンかを見分ける上で決め手になるのは、「**O＝Cの公式**」と自分の「**常識**」のみ。ココでは、「**the girls（その女の子たち）＝ pop idols（ポップアイドル）**」という「**O＝Cの関係が成り立つ**」ので、
「彼女たちの純粋な欲求が、その女の子たちをポップアイドルにした」
というSVOCと判断するのが正解。「**その女の子たちにポップアイドルをつくってやった**」というSVOOにとらえるのも、ちょっと無理な感じがしますよね。

ココまでわかれば、正解したも当然で、あとは「**オマケ要素**」として、とり

あえず無視していた**〈前置詞＋名詞〉**を元に戻すだけ。
英語の場合、日本語の説明の順番とは逆で、
「**〈前置詞＋名詞〉が後ろから前にある名詞を詳しく説明する！**」
のでしたよね。ですから、

1. **One ← of my friends（とある人←友達の中の）**
the students ← at the school（生徒←学校の）
great books ← about human life（素晴らしい本←人間の一生についての）

2. **Their pure desire ← for music（彼女たちの純粋な欲求←音楽への）**
Their pure desire ← in their youth（彼女たちの純粋な欲求←若き日の）
the girls ← with long dark hair（女の子たち←長い黒髪の）
pop idols ← of great talent（ポップアイドル←素晴らしい才能のある）

といった具合にさっきの基本文型に結びつけていけばいいのです。
ですから、全体の意味は、

1. **私の友達のひとりが、その学校の生徒たちに、人間の一生についての素晴らしい本を送った。**

2. **彼女たちの若き日の音楽に対する純粋な欲求が、その長い黒髪の女の子たちを、素晴らしい才能をもったポップアイドルにした。**

となります。

このように、〈前置詞＋名詞〉のようなオマケ要素を一度、文から取り除いて、「**文型＝文の骨組み**」をまず考えるようにすると、一見して「**難しい……**」英文も理解しやすくなります。はっきり言って、オマケ要素をひとつやふたつミスったところで、**文の骨組み（文型）さえしっかり押さえていれば、**

大きく失敗することはありませんから。

もちろん感覚で「何とな〜く」わかってしまう簡単な英文を読むときには、いちいち細かく文型とかを考える必要はありません。でも、万が一、「**あれっ？**」と思うような英文に出合ったときには、積極的に「文型」の知識を試してみてください。そして、そんな万が一の場合のために、まだ自信のない人は、もう一度、しっかり「文型」の復習しておきましょう。

……ちなみに、今回の問題文では、

1. One of my friends sent the students at the school / great books about human life.

2. Their pure desire for music in their youth made the girls with long dark hair / pop idols of great talent.

上のような **at the school** と **great books**、**with long dark hair** と **pop idols** の間の意味の切れ目が、わかりにくかったと思います。
普通、名詞の前には、a や the などの冠詞があります。だから、冠詞をひとつの目印にすれば、「**おっ、新しい名詞だぞ！　ここが切れ目だぞ！**」とすぐわかるわけですが、残念ながら、今回の問題文の場合、great books と pop idols の前に冠詞がありません。それが、この問題文がわかりづらい理由のひとつ。

名詞グループの１セット感覚や、**〈前置詞＋名詞〉のまとまりを見抜くセンス**は、たくさんの英文に触れる中で自然に磨かれます。今回、見抜けなかった人も、今後の課題ってことで。別に気に病む必要はないですよ（ただし、しっかり修行を積むこと）。

動詞の分類について

最後に少し補足説明を。

ここまで、「**補語といえば、be 動詞の後ろに続く言葉**」というふうに説明してきました。そして be 動詞の後ろに補語が続く文のカタチ（**SVC**）の変形パターンとして、**SVOC** という文型の「**OC（目的語＋補語）**」のように、be 動詞が見えないカタチもあるというふうに述べてきました。

でも、実は、「**補語（C）**」が後ろに続くカタチってそれだけじゃないんです。**一般動詞の中にも、be 動詞と同じ感覚で使えるものはあります**。つまり、一般動詞なのに、

〈主語（S）＋ 一般動詞（V）＋補語（C）〉

のように、直後に「補語（C）」を入れて、be 動詞みたいに使える動詞があるんですね。具体例を挙げると次の通り。

1. She became a dentist.（彼女は歯医者になった。）
S V C

2. They got angry.（彼らは怒った（状態になった）。）
S V C

3. He looks young.（彼は若く見える。）
S V C

4. She remains silent.（彼女は静かにしている。）
S V C

5. This milk tastes sour.（この牛乳はすっぱい味がする。）
S V C

「補語」の特徴のひとつは、「**(be) 動詞を挟んで前後の言葉がイコールの関係になる**」ということでしたよね。ココでもチョット確認してみましょう。

1. She（彼女）＝ a dentist（歯医者）
2. They（彼ら）＝ angry（怒った状態）
3. He（彼）＝ young（若い）
4. She（彼女）＝ silent（静か）
5. This milk（このミルク）＝ sour（すっぱい）

という具合に、動詞を挟んで、左側（主語）と右側（補語）の間で、イコールの関係が成立していることがわかると思います。
こういう関係が成り立つからには、これらは**SVC**の文（動詞の後ろの言葉は「**補語（C）**」）ということになるのです。

でも、ちょっと注意してほしいのは、ただイコールの関係になるのではないということ。be 動詞は、

She is a dentist.（彼女は歯医者だ。）
He is young.（彼は若い。）

といった具合に、「文の中に動詞として存在はするけど、意味はほとんどない」動詞でしたよね。でも、ココで取り上げた**be 動詞タイプの一般動詞**は、

She became a dentist.（彼女は歯医者になった。）
He looks young.（彼は若く見える。）

といった具合に、どれも「**be 動詞にプラスアルファの意味が加わった**」ような意味を表すのです。役割は be 動詞に近いけど、一般動詞だけに、それなりに「**自己主張**」もするわけです（とはいえ、このタイプの動詞の自己主張は、あくまでも「それなり」で、たいていは「**SがCになる**」という感じの意味になります）。

さて、ココまでの説明で気づいた人もいるかもしれませんが、実は一般動詞の後ろに前置詞ナシで名詞が続くケースには、**他動詞タイプの後ろに目的語（「…を」のような意味の名詞）が続く場合**と、**be 動詞タイプの後ろに補**

語（主語とイコールの関係になる語）が続く場合の2パターンがあるんですね。

「……メンドクセ」

と思う人もいるかもしれませんが、実はそんなに難しい話ではありません。
後ろに補語（C）を続けることができる一般動詞のうち、後ろの補語が名詞でも大丈夫なのは、become と turn くらいです。
それ以外の一般動詞の後ろに「補語」として名詞が続くことは、ほとんどあり得ません。

「じゃあ、SVCのカタチが可能な（be 動詞タイプ）の一般動詞の後ろには、何をC（補語）として続けることができるの？」

かと言えば、ズバリ「**形容詞だけ**」。中には、

A. They got angry.（彼らは怒った。）
S V C

B. I got a new guitar.（ボクは新しいギターを手に入れた。）
S V O

という具合に、後ろに「**補語（C）**」と「**目的語（O）**」の両方を続けることができる get のような動詞もあります。その場合も、後ろに「**形容詞だけ**」が続いたら、それは**補語（文はSVCのカタチ）**で、「**単独の名詞や〈形容詞＋名詞〉のカタチ**」が続いたら、それは**目的語（文はSVOのカタチ）**と考えればOKです。

一般動詞は、**後ろに前置詞ナシで名詞が続けられるタイプ（他動詞）と前置詞を挟まないと名詞を続けられないタイプ（自動詞）**に分かれるんでしたよね。
例外パターンとして、一般動詞の後ろに「形容詞だけ」が続くパターンの文を見かけたら、その形容詞は補語（C）であり、その文は（S＝Cの）SVCの

カタチだと考えればOKということです。

＊　＊　＊　＊　＊　＊　＊　＊

さて、「**be 動詞と同じ感覚で使える一般動詞**」というニュータイプの動詞が出たところで、動詞の分類について触れておきましょう。

世間一般では、英語の動詞を「**自動詞**（後ろに目的語が続かない動詞）」と「**他動詞**（後ろに目的語が続く動詞）」という 2 種類に大きく分けています。
ちなみに、この分類では、**be 動詞**や、今回、登場した「**be 動詞と同じ感覚で使える一般動詞**」は「**自動詞**」という扱いです。
つまり、この一般的な分類に従って、

1. I play tennis.（ボクはテニスをする。）
2. I listen to music.（ボクは音楽を聴く。）
3. I am sleepy.（ボクは眠い。）
4. I got angry.（ボクは怒った。）

という 4 つの文をふたつのグループにグループ分けすると……、

「1 が他動詞で、2、3、4 は同じ自動詞のグループ！」

となるわけです。でも、ボクが思うに、

「あえて仲間分けするなら、1 と 2 が仲間、3 と 4 が仲間でしょ？」

と感じるのがごく一般的な日本人の感性ではないでしょうか？　そして、こういう分類を英語の勉強をはじめたばかりの人にムリヤリ押しつけていることが、**英語ギライを生む原因**でもあるように感じます。

そもそも一般動詞とは意味も役割も否定文・疑問文のカタチも異なる **be 動詞を、一般動詞と同列に扱って、「自動詞」としてひとくくりにすることに問題アリ。**

「自動詞とか他動詞とかいう動詞の分け方は、よくわからん……」
というかつてのボクのような人には、次のように英語の動詞を区別することをおすすめします。

重要

★イチロヲ流の英語の動詞の分類法

●英語の動詞は、主に「(Sが)…する」という意味を表す一般動詞と、「(Sが)…だ」という意味を表す be 動詞の大きく分けて2種類！

●「(Sが)…する」という意味を表す一般動詞

A. 直後に名詞を続けるのに前置詞が必要な**SVタイプの一般動詞**

B. 直後に前置詞ナシで名詞がひとつという**SVOタイプの一般動詞**(最も標準的なタイプ)

C. 直後に「人を指す名詞」が続く場合に限って、前置詞ナシでさらにもうひとつ（計2つ）名詞を続けられる**SVOOタイプの一般動詞**

D. SVOタイプの文のさらにその後ろに、動詞の直後の名詞（O）の様子・状態を説明する言葉（C＝補語）を続けることができる**SVOCタイプの一般動詞**（このタイプの動詞の後ろでは、O＝Cの関係が成り立つ）

●「(Sが)…だ」という意味を表す be 動詞タイプ

A. be 動詞

be 動詞の後ろには、「**Sが…だ**」という内容の「**…**」に当たる「**補語（C）**」と呼ばれる言葉が続く。そのため、be 動詞を使う文は、必ず**SVC**のカタチとなる。be 動詞の後ろの補語は、**形容詞、名詞、副詞、〈前置詞＋名詞〉**などさまざまだが、必ず主語（S）と補語（C）の間にイコールの関係が成り立つのが特徴

B. 例外的一般動詞

中には、一般動詞でありながら、be 動詞と同様に、主語（S）

とイコールの関係の言葉（=**補語（C）**）を後ろに続けられる特殊な一般動詞もある。いわば、**SVCタイプの一般動詞**だが、このグループの一般動詞は、後ろに「**形容詞だけ**」が続く場合に限って、「**例外的**」に**SVC**のカタチになるものが大半である。見方を変えれば、一般動詞でも、後ろに「形容詞だけ」が続くのなら、SVCの文だということ。ただし、become、turn など、名詞を補語として続けられる動詞も一部ある。

「何か今までに習った英文法とチョット違うなあ……」
と不安に感じている人もいたりして。
英語は、「文の骨組み」が、意味に大きく影響する言語です。
ボクの分類のねらいは、**動詞のタイプとそれぞれの文の骨組み（文型）が表す意味関係を一致させる**ことにあります。
ですから、この動詞の分類法さえキチンとマスターしておけば、英語の文を読んだり聞いたり、あるいは書いたり話したりするときに、「動詞」を切り口に、しっかりと英語の骨組みをとらえ、組み立てることができるようになるはずです。

文型の知識に限らず、このトリセツの中で紹介した英文法の「**お約束！**」の数々は、すべて「**英語人に優しい英文**」をつくる上で必要な知識です。
英文法を疎かにして、日本語を英語に置き換えるだけだと、ひとりよがりで、英語人には理解しにくい英語の文ができあがります。
それでは、英語という言語が、コミュニケーションの道具として機能していることにはなりませんよね？
結局、英文法を勉強して、日本語と英語の違いを理解することは、英語人の感性・考え方に配慮して、コミュニケーションを円滑にすることでもあるんですよ \(^O^)/ 。

……と、最後にえらぶってみる。

「ふくしゅう」宿屋……ファイナル

「『ふくしゅう』宿屋」も遂にラスト。最後だけあって、今回の問題には、相当難しいものも含まれます。でも、「**わからん……＿|￣|○**」と投げ出す前に、「**英語の文のカタチ（＝文型）**」だけでも考えてみましょう。初登場となる「第５文型＝**SVOC**」も含めて、結局、「**文型**」とは、

「**どんな動詞が使われているか？　その動詞の後ろにはどんなカタチが続くか？　そのカタチによって、文の基本の意味はどうなるか？**」

ということ。ココさえ、しっかり押さえていれば、どんなに手強い英文でも、大丈夫。きっと「**読める！　聞ける！！　書ける！！！　話せる！！！！**」ようになるはずです。

Q 日本語の内容に合う英文を書きましょう。

1. トイレのドアを開けっ放しにするんじゃない。
2. ミックはその壁を黒く塗ったのかい？
3. あいつのバカげた発言（stupid remarks）は、しばしば彼女たちを激怒（mad）させる。
4. その会社の社長はその福岡出身のハードロックバンドを Esperant Move と名づけた。
5. その金属は赤く、熱くなったが、重くはならなかった。
6. その国の大統領は、一体いつ（when in the world）世界の人々に大量破壊兵器（the weapons of mass destruction）の存在についての明確な証拠（hard evidence）を示すことができるのか？

ココで**文型と動詞の関係**と「**SVOC**」の基礎を簡単におさらい。
ポイントをアタマに叩き込んだ上で、満足のいく英文ができあがったら、p.309の「**解答と解説**」へ。

文型と動詞の関係とSVOCというカタチ

そのゼロ（大前提）：〈前置詞＋名詞〉や副詞、助動詞などの余分な要素を文の中からすべて取り除いて、主語（S）、動詞（V）、目的語（O）、補語（C）という最も大切な要素だけを残した英文の骨組みを「文型！」と呼ぶ。文型は、「どんな動詞を使ったか」で決まる。

その1：直後に名詞を続けるのに前置詞が必要な一般動詞を使う文をSV（第１文型）の文という

重要

●代表的なSVタイプの一般動詞一覧

arrive at / in ...（…に到着する）、belong to ...（…に所属する）、depend on ...（…に頼る）、listen to ...（…を聞く）など

その2：直後に前置詞ナシで名詞がひとつ続く一般動詞を使う文をSVO（第３文型）の文という（ほとんどの動詞がこのタイプ）

その3：直後に「人を指す名詞」が続く場合に限って、前置詞ナシで名詞を２つ続けられる特殊な一般動詞もある。このタイプの動詞を使う〈主語＋動詞＋名詞＋名詞〉というカタチの文をSVOO（第４文型）の文という

重要

●代表的なSVOOタイプの一般動詞一覧

ask（たずねる）、buy（買う、買ってやる）、cook（料理してあげる）、give（与える）、lend（貸す）、read（読んであげる）、send（送る）、show（見せる）、teach（教える）、tell（話す）など

その4：be 動詞を使う文を**SVC**（第２文型）の文という。このカタチの文では、S（主語）とC（補語）の間に「**S=C**」の関係が成り立つのが特徴。一般動詞の中にも、ごく一部、「be 動詞と同じ感覚で使える一般動詞」というのがある

重要

●代表的なSVCタイプの一般動詞（be動詞タイプの一般動詞）一覧
become（…になる）、**get**（…な状態になる）、**feel**（…と感じる）、**look**（…に見える）、**remain**（引き続き…の状態でいる）、**sound**（…に聞こえる）、**smell**（…な匂いがする）、**taste**（…な味がする）、**turn**（…の状態に変化する）など

その5：SVOのさらにその後ろに、O（目的語）の説明に当たる言葉（C＝補語）を続けることができる一般動詞もある。このタイプの動詞を使う〈主語＋動詞＋目的語＋補語〉というカタチの文を**SVOC**（第５文型）の文という。「**OC**」という部分では、必ず「O（目的語）＝C（補語）」という関係が成り立つ

例：彼女はドアを開けっ放しにした。

She left the door open.
Ⓢ Ⓥ Ⓞ Ⓒ

＊ the door（その扉）＝ open（空いた状態）。

⇒上の例のように、**SVOC**のカタチのCの位置には、「**形容詞だけ**」が入ることが多い。逆に言えば、SVOのカタチの後ろに「形容詞だけ」が続いていれば、その文はSVOCのカタチであるということ。

重要

●代表的なSVOCタイプの一般動詞一覧
call O C（OをCと呼ぶ［呼んでいる］）、**drive O C**（OをCの状態に追いやる）、**keep O C**（OをCの状態に保つ［しておく］）、

leave O C（OをCの状態のままにしておく）、make O C（OをCの状態にする）、name O C（OをCと名づける）、paint O C（OをCの色に塗る）など

その6：call と make は、〈call / make ＋名詞その１＋名詞その２〉というカタチで、SVOOとSVOCの両方の文型が可能な例外的な動詞である。call / make の後ろに続く２つの名詞の間にイコールの関係が成り立つ場合はSVOC、そうでない場合はSVOOの英文として解釈するとよい

例１：彼らはボクのことをイチローと呼んでいる。

They call me Ichiro.
Ⓢ Ⓥ Ⓞ Ⓒ

⇒「**私の呼び名＝イチロー**」であると解釈するのが自然。

例２：（私に）タクシーを呼んでくれませんか？

Will you call me a taxi?
Ⓢ Ⓥ Ⓞ Ⓞ

⇒「**私＝タクシー**」の関係が成り立たない。

解答と解説

1. トイレのドアを開けっ放しにするんじゃない。

→ Don't leave the door to the bathroom open.

leave は、**leave O C** というカタチで「**OをCの状態のままにしておく**」という意味を表す動詞でしたよね。「**トイレのドア**」は、「**トイレへのドア**」と考えて、**the door to the bathroom** と表すのが英語流。ちょっと長いですが、これがこの文の目的語（O）です。この後ろに続く open（開いた状態）

という形容詞との間に、「**the door to the bathroom（トイレのドア）＝open（開いた状態）**」という関係が成り立つことからも、この文が**SVOC**のカタチになることがわかるはず。ただし、SVOCの文型といっても、この文は「**…するな**」という「**禁止の命令文**」なので、主語（S）は入りません。つまり、**Don't leave ...** で文がはじまる**VOC**という変形バージョンになるということです。

2. ミックはその壁を黒く塗ったのかい？
→ Did Mick paint the wall black?

「**塗る**」を意味する **paint** は、**paint O C（OをC（色）に塗る）**というSVOCの文のカタチをつくることができる動詞。たとえ、そのことを知らなくても、この英文では、「**その壁（the wall）＝黒い（black）**」という**O＝C（O（の様子・状態）がCだ）**の関係が動詞の後ろで成り立つことは、見抜いてほしいところ。「**ミックはその壁を黒く塗った**」なら、**Mick painted the wall black.** ですが、日本語の文は「…したのかい？」なので、過去のことについてたずねる疑問文のカタチに直すのもお忘れなく。

3. あいつのバカげた発言は、しばしば彼女たちを激怒させる（彼女たちの気をおかしくする）。
→ His stupid remarks often drive them mad.

主語は「**あいつのバカげた発言（his stupid remarks）**」。文の結論は「彼女たちを激怒させる」ですが、英語では **drive ... mad** が「**…を怒り狂わせる**」という決まり文句。drive の代わりに make を使ってもOKです。mad が形容詞であることをヒントに、「**彼女たち＝激怒した状態**」というSVOCの文型を思いつくのがポイント。この文のように、文が**〈動詞＋名詞＋形容詞〉**というカタチで終わっていたら、**SVOC**の文と判断してOKです。
「しばしば」という「頻度を表す副詞」の位置は、一般動詞を使う文の場合、その前でしたよね。

4. その会社の社長はその福岡出身のハードロックバンドを Esperant Move と名づけた。

→ The president of the company named the hard rock band from Fukuoka Esperant Move.

文の主語は「**その会社の社長**」。これは **the president of the company** と表せばOK。文の結論は「**名づけた**」ですが、これは **named** となります。name は「名前」という名詞としてだけじゃなく、「名づける」という動詞としても使えるんですね。そして、もうひとつ、**name** は **name O C （OをCと名づける）** というSVOCのカタチが可能である動詞であることも、ぜひ覚えておいてもらいたいところ。この文も「**その福岡出身のハードロックバンド＝ Esperant Move**」という関係が成り立つので、SVOCのカタチとなります。文の**O（目的語）**に当たる「**福岡出身のハードロックバンド**」は **the hard rock band from Fukuoka** と表せばOK。なお、name はSVOCのCの位置に名詞を入れることができる数少ない例外動詞のひとつです。

5. その金属は赤く、熱くなったが、重くはならなかった。

→ The metal turned red and hot, but（it）didn't get heavy.

「**その金属＝赤い、熱い**」、あるいは「**その金属＝重い**（ただし、こちらは否定文）」という関係が成り立っていることに注意。こういう関係が成り立つ文のカタチは**SVC**でしたよね。SVCのカタチといえば be 動詞ですが、ここでは「文の結論」に「**なった／ならなかった**」という意味が含まれている点にも注目。こういう場合、be 動詞にプラスアルファの意味を加える「**SVCタイプの一般動詞**」を使います。その中でも、「**…になる**」という意味を表すのは **become**、**get**、**turn** などですが……、日本語では全部「**なる**」の一言でOKなのに、英語では状況に合わせて細かい使い分けが必要だったりします。「**赤くなる**」のように色が変化する場合に使うのは **turn**、「**重くなる**」は **get** で表すのが普通です。

「違いがよくわからん……_|￣|○」

という人もいるかもしれませんが、ココでは動詞の使い分けはともかく、

SVCの文のカタチがつかめればヨシとしましょう。
「**赤く、熱く**」という形容詞が重なっている部分は **and**、「**赤く、熱くなったが、重くならなかった**」のような対照的な内容は **but** のように、それぞれ接続詞を使って結べばOK。but の後ろには、主語の the metal を指す it を入れてもいいし、入れなくてもかまいません。

6. その国の大統領は、一体いつ世界の人々に大量破壊兵器の存在についての明確な証拠を示すことができるのか？

→ When in the world can the president of the country show the people in the world hard evidence of the existence of the weapons of mass destruction?

一目見れば、わかると思いますが、これはハッキリ言って「**超難問！**」です。ですけど、「**さっぱり、わからん…… _|￣|○**」と投げ出す前に、文のカタチ、つまり文型だけでも考えてみましょうよ。
まず、文の主語は「**その国の大統領**」で、これは英語で表すと **the president of the country** となります。つまり、**president** という単語には「**大統領**」と「**社長**（設問**4**のパターン）」の２通りの意味があるということです。次に文の結論に当たるのは「**示す＋ことができる**」で、これは助動詞の **can** と一般動詞の **show（見せる）** の組み合わせで表します。ここまでは何とかなるはず。
次にポイントになるのは、**show** が直後に名詞を２つ前置詞ナシで続けることができる**SVOO**タイプの動詞であるということ。元の日本語が「**かなり長～くてフクザツ**」ですが、目を凝らしてよく見てみましょう。「**(世界の) 人々に（大量破壊兵器の存在についての）明確な証拠を**」という「**O1に O2を…する**」のカタチが見えてきませんか？　この文の骨組みさえ見えれば、あとは〈前置詞＋名詞〉のカタチを使って、説明をつけ足していくだけ。つまり、この文は、**the people in the world（世界の人々）** と **hard evidence of the existence of the weapons of mass destruction（大量破壊兵器の存在についての明確な証拠）** というとてつもなく長い目的語（O）を２つもつSVOOの文なんですね。

最後に「**いつ？**」を意味する疑問詞の when を文の頭に入れて、文全体を疑問文のカタチにしましょう。When のような疑問詞の直後に **in the world** をつけると「**一体全体…？**」のように**疑問詞を強調する**ことができます。

「でも、難しい単語とか多すぎて、こんなの自分で全部、英語で言うのやっぱりムリ……_|￣|○」
という人もいるかもしれませんが、みなさんに知ってほしいのは、
「ココまでに習った基礎中の基礎の知識をすべて使うだけで、ニュースとかに出てきそうな難しい英文の骨組みを組み立てることはできる！」
ということ。単語とかは、力技で暗記してしまえば、どうとでもなります。でも、英文法の基礎の基礎の部分がしっかりしていなかったら、その上に高度な英語の知識（分詞とか関係詞とか）を建て増ししていくことは困難だと思います。建築も英語も、まずはしっかりした土台から！！

文法用語の索引

要注意英語表現の索引

あとがき

最後まで読んでいただきありがとうございます。
タイトルに「**じっくり基礎編**」とあるところからお気づきかと思いますが、本書はシリーズ中の第1弾に当たります。この本を読み終えて、「**良かった、ためになった**」そして「**続編も読みたい！**」と思っていただけたなら、まさに著者冥利に尽きるというものです。

それにしても、人生どこでどうなるかわからないもので、
「**まさか、自分が本を、しかも学習書の類を世に出すことになろうとは**」
……思いもしませんでした。

このようなチャンスを与えてくださった、株式会社アルクのみなさまに心より感謝致しております。とりわけ、星の数ほどの持ち込み原稿の中から、拙稿を拾い上げてくださり、要領を得ない著者を辛抱強くご指導くださった英語出版編集部のみなさまには、あらためてお礼を述べさせていただきたく存じます。
ありがとうございます。

私事になりますが、中田先生には、大学時代からお世話になりっ放しです。先生の存在なくして、今の自分はありません。また、高橋先生にも、お忙しい中、煩雑な質問に丁寧にお答えいただき大変お世話になりました。
ありがとうございます。

阿川イチロヲ

SPECIAL THANX

秋山今日子、荒井真実、磯部晋、礒村祥子、衛藤夕夏、亀谷里美、佐々木紳次、属奈緒、高橋俊章、高上英輝、月岡賢一、中田考、人間椅子、のいじぃ、野坂直也、藤井勤、村川優、森田和子、白夢ふぁみりー（色男担当？しばお、陰の色男担当？？たーたまん、ほんとの色男担当？？？そーすい）、実おじさん&マキちゃん&カズユキくん、ぐらんま、Mom & Pop、Tamae & Esperant Move、Rudolf Plott、Jeff & Cher Fitchett、Didi Mikhova

著者：阿川イチロヲ

1976年生まれ。帰国子女でもなければ、これといった海外留学の経験もないが（というより、そもそも大の英語ギライ）、何の因果か大学時代にはじめた英語の家庭教師で、英語ギライの生徒たちの心をつかみ、いつの間にか売れっ子家庭教師→塾講師へとステップアップ。現在は自ら「阿川イチロヲ『英語』スクール」(ichiro-wo.net) を運営。小学生から浪人生・社会人まで幅広く英語を教えている。著書に本書の続編『英文法のトリセツ—とことん攻略編』『同—中学レベル完結編』がある。

英文法のトリセツ
英語負け組を救う丁寧な取扱説明書——じっくり基礎編

発行日：2005年2月8日（初版）
2013年7月2日（第19刷）

著者：阿川イチロヲ
編集：英語出版編集部
カバーデザイン：森敏明（ロコ・モーリス組）
本文デザイン：園辺智代
カバーイラスト：大寺聡
英文校正：Christopher Kossowski
DTP：達博之（アトム・ビット）
印刷・製本：凸版印刷株式会社
発行者　平本照麿
発行所　株式会社アルク
〒168-8611　東京都杉並区永福2-54-12
TEL　03-3327-1101
FAX　03-3327-1300
Email：csss@alc.co.jp
Website：http://www.alc.co.jp/

地球人ネットワークを創る

アルクのシンボル
「地球人マーク」です。

PC：7005004
ISBN：978-4-7574-0844-9